Palabras de Traductor de Vino

Español a francés, alemán, italiano, inglés, y detrás otra vez

Copyright 2017 Food & Wine Guru
ISBN 978-1-947479-05-0

Food & Wine Guru
B&C Publishing
Box 10206
Aspen, CO 81612

Español - Francés

Español	Francés
Abierto	Ouvert
Abocado	Abocado
Acabado	Fini
Acabar	Finir
Acarrear	Transporter
Acarreo	Transport
Acescencia	Acescence
Acetaldehído	Acétaldéhyde
Acetato Etílico	Acétate D'éthyle
Acético	Acétique
Acetona	Acétone
Acidez	Acidité
Acidez Total	Acidité Totale
Acidez Volátil	Acidité Volatile
Ácido	Acide
Ácido	Acide
Ácido Láctico	Acide Lactique
Ácido Málico	Acide Malique
Ácido Sucínico	Acide Succinique

Español	Francés
Ácido Tartárico	Acide Tartrique
Acre	Âcre
Aerobio	Aérobie
Agraz	Manne
Agresivo	Agressif
Aguado	Mouillée
Ahumado	Fumé
Ajerezado	Saveur De Madère
Ajerezado	Saveur Du Sherry
Albúmina	Albumine
Albúmina	Albumine
Alcohol	Alcool
Alcohol Adquirido	Alcool Acquis
Alcohol Potencial	Alcool En Puissance/ Alcool Potentiel
Alcohol Rectificado	Alcool Rectifié
Alcohol Total	Alcool Total
Alcohol Vínico	Alcool De Prestations Viniques
Alcóholico	Alcooleux

Español	Francés
Alcoholización	Alcoolisation
Alcohómetro	Alcoomètre
Aldehído	Aldéhyde
Aliáceo	Odeur D'ail
Almacenamiento	Stockage
Amargo	Acerbe
Amargo	Amer
Amargor	Amer/Amertume
Ámbar	Ambre
Ambarino	Ambré
Amoscatelado	Muscaté
Amplio	Ample
Añada	Millésime
Añejado	Vieillissement/Élevage
Añejar	Vieillir
Añejo	Vieillissement
Anhídrido Carbónico	Anhydride Carbonique
Animal	Animal
Antocian	Anthocyane

Español	Francés
Antocianina	Anthocyanine
Arenar	Sabler
Aristas	Arête
Armonía	Étoffé
Aroma	Arôme
Aroma Terciario	Arôme Tertiaire
Aromas De Reducción	Arômes De Réduction
Aromas Minerales	Arômes Minéraux
Aromático	Aromatique
Arrope	Sirop
Áspero	Dur
Áspero	Dur
Astringencia	Astringence
Astringente	Astringent
Ataque	Attaque
Aterciopelado	Velouté
Austero	Austère
Avainillado	Vanillé
Azúcar Residual	Sucre Résiduel

Español	Francés
Azufrado	Méchage/Soufré
Azufre	Soufre
Balsámico	Balsamique
Barniz	Vernis
Barrica	Barrique
Barril	Baril
Bastoneo	Bâtonnage
Baya	Baie
Bazuqueo	Enfoncement Du Chapeau
Beta-Glucosidasa	Beta-Glucosidase
Bitartrato De Potasio	Bitartrate De Potassium
Bivarietal	Deux Cépages
Blanco	Blanc
Blanco De Blancas	Blanc De Blancs
Blando	Mou
Bodega	Cave
Bombeo	Pompage
Bordelesa	Bordelaise

Español	Francés
Borra	Lie
Bota	Outre
Botella	Bouteille (Puanteur De)
Botritizado	Botrytisé
Bouquet	Bouquet
Bozal	Muselet
Bozal	Muselet
Bozalado	Muselage
Brillante	Brillant
Brillantez	Brillance
Brix (Grado)	Degré Brix
Brut	Brut
Cálido	Chaud
Cangilón (Cadena De)	Godets
Canilla	Robinet
Canuto	Tube
Caoba	Acajou
Carácter	Caractère

Español	Francés
Caramelizado	Caramélisé
Carmín	Carmin
Carnoso	Charnu
Cáscara De Naranja	Zeste D'orange
Casis	Cassis
Casse Maloláctica	Casse Malolactique
Cata	Dégustation
Catador	Dégustateur
Catar	Déguster
Cava	Cave
Cedro	Cèdre
Centrifugar	Centrifuger
Cepa	Cep
Cepa	Cep
Cereza	Cerise
Cerrado	Renfermé/Fermé
Cesta	Panier-Verseur
Cesta	Panier-Verseur
Chaptalización	Chaptalisation

Español	Francés
Chips	Copeaux De Bois
Ciruela	Prune
Cítrico	Citrique
Clara De Huevo	Blanc D'œuf
Clarete	Clairet
Claridad	Clarté
Clarificación	Clarification
Clarificar	Clarifier
Clavo De Olor	Clou De Girofle
Colorímetro	Colorimètre
Compacto	Compact
Complejo	Complexe
Corcho	Bouchon
Corona	Cordon
Corpulento	Corpulent
Corte	Assemblage
Cosecha	Récolte
Cosecha Tardía	Vendange Tardive
Costra	Dépôt En Croûte

Español	Francés
Costra	Dépôt En Croûte
Cremor Tártaro	Crème De Tartre
Crianza	Élevage
Crianza Oxidativa	Élevage Oxydatif
Criar	Élever
Cuba	Cuve
Cuba De Fermentación	Cuve De Fermentation
Cuello	Goulot/Cou
Cuero	Cuir
Cuerpo	Corpulent
Cultivador	Producteur
Damajuana	Dame-Jeanne
Dátiles	Dates
Decantación	Décantation
Decantado	Décanté
Decantar	Décanter
Decanter	Carafe
Defectuoso	Défectueux
Degollar	Dégorger

Español	Francés
Degüello	Dégorgeage
Degustación	Dégustation
Degustar	Déguster
Dejo	Arrière-Goût
Delgado	Décharné/Maigre
Delicado	Délicat
Demi-Sec	Demi-Sec
Denominación De Origen Controlada (D.O.C)	Appellation D'origine Contrôlée
Denso	Dense
Depósito	Dépôt
Desarrollado	Épanoui
Desborrar	Débourrer
Desborre	Débourrement
Descobajado	Égrappage/Éraflage
Descobajadora	Érafloir
Descubado	Décuvé
Descube	Décuvage
Desequilibrado	Déséquilibré

Español	Francés
Despalillado	Égrappé
Despalillador	Égrappoir
Despalillar	Égrapper
Destello	Scintillement
Desvanecido	Éventé
Distinguido	Distingué
Distintivo	Distinctif
Dorado	Doré
Drenado	Drainage
Duela	Douelle
Dulce	Doux
Dulce Natural	Douceur Naturelle
Dulzor	Douceur
Duro	Dur
Efervescencia	Effervescence
Efervescente	Effervescent
Elegante	Élégant
Embotellado	Mise En Bouteilles

Español	Francés
Embotelladora	Machine À Embouteiller
Embotellar	Embouteiller/Mettre En Bouteilles
Empalagoso	Écœurant
Encabezado	Fortifié
Encubar	Loger
Eneldo	Aneth
Enfriado	Frappé
Enfriar	Frapper
Enófilo	Œnophile
Enología	Œnologie
Enología	Œnologie
Enólogo	Œnologue
Enólogo	Œnologue
Entrada	Attaque
Envejecimiento	Vieillissement
Envinado	Aviné
Enzima	Enzyme
Equilibrado	Équilibré

Español	Francés
Equilibrio	Équilibre
Escala	Échelle
Escobajo	Rafle
Escurridor	Égouttoir
Escurrir	Égoutter
Especiado	Épicé
Espiche	Perce
Espuma	Mousse
Espumoso	Mousseux
Estabilización	Stabilisation
Estabilizar	Stabiliser
Estable	Stable
Estacionar	Laisser Reposer
Éster	Ester
Estiba	Emmagasinage
Estibar	Emmagasiner
Estirado	Petit Vin/Maigre
Estructura	Structure
Estrujado	Foulé

Español	Francés
Estrujadora	Fouloir
Etanol	Éthanol
Etéreo	Éthéré
Etiqueta	Étiquette
Evolucionado	Évolué
Expendedor	Débitant
Expresión Aromática	Expression Aromatique
Extracto	Extrait
Fabricar Toneles	Fabriquer Des Fûts/ Tonellerie
Fenol	Phénol
Fenólico	Phénolique
Fermentación	Fermentation
Fermentación Alcohólica	Fermentation Alcoolique
Fermentación Detenida	Fermentation Arrêtée/ Suspendue
Fermentación Lenta	Fermentation Lente
Fermentación Maloláctica	Fermentation Malolactique

Español	Francés
Fermentación Principal	Fermentation Principale
Fermentación Secundaria	Seconde Fermentation
Fermentación Tumultuosa	Fermentation Tumultueuse
Fermentar	Fermenter
Filtración	Filtration
Filtrado	Filtrage
Filtrar	Filtrer
Final De Boca	En Fin De Bouche
Finca	Domaine/Propriété
Fino	Fin
Firme	Ferme
Flauta	Flûte
Flexible	Flexible/Souple
Flojo	Faible
Floral	Floral
Flotar	Flotter
Fortificado	Fortifié

Español	Francés
Fragante	Parfumé
Frambuesa	Framboise
Franco	Franc
Frappé	Frappé
Fresco	Frais/Fraîche
Frutado	Fruité
Frutal	Fruité
Frutas Tropicales	Fruits Tropicaux
Frutilla/Fresa	Fraise
Frutos Rojos	Fruits Rouges
Frutos Secos	Fruits Secs
Fuerte	Fort
Fugaz	Fugace
Fugaz Paso Por Madera	Léger Passage En Bois/En Barrique
Gama	Gamme
Garrafa	Bonbonne
Gas Carbónico	Gaz Carbonique
Gasificado	Gazéifié

Español	Francés
Genérico	Générique
Generoso	Généreux
Geranio	Géranium
Glicerina	Glycérine
Glicerol	Glycérol
Glicosidasa	Glycosidase
Glucano	Glucane
Gollete	Goulot/Cou
Goma Arábiga	Gomme Arabique
Gomoso	Gommeux
Grado De Balling	Degré Balling
Granate	Grenat
Grano	Grain
Graso	Gras
Grava	Graves
Grosella Negra	Cassis
Guinda	Griotte
Gustativo	Gustatif
Gusto A Corcho	Goût De Bouchon

Español	Francés
Herbáceo	Herbacé
Herbáceo	Herbacé
Hollejo	Pellicule
Hollejo Maduro	Pellicule Mûre
Hueco	Trou
Huevos Podridos	Œufs Pourris
Impetuoso	Impétueux
Incienso	Encens
Incisivo	Incisif
Insípido	Insipide
Intensidad	Intensité
Intenso	Intense
Jazmín	Jasmin
Jengibre	Gingembre
Joven	Jeune
Jugo	Jus
Juventud	Jeunesse
Lagar	Pressoir
Lágrima	Jambe/Larme

Español	Francés
Lana Mojada	Laine Mouillée
Lanolina	Lanoline
Largo	Long
Levadura	Levure
Lías	Lie
Licor	Liqueur
Licor De Expedición	Liqueur D'expédition
Licor De Tiraje	Liqueur De Tirage
Licoroso	Liquoreux
Ligero	Léger
Limpidez	Limpidité
Limpio	Propre
Listo	Fait
Maceración	Macération
Maceración Carbónica	Macération Carbonique
Maceración En Frío	Macération À Froid
Maceración Inducida En Botella	Macération Induite En Bouteille
Maderizado	Boisé

Español	Francés
Madre	Lie (De Vin)
Maduración	Maturation
Madurar	Mûrir
Maduro	Mûr
Málico	Malique
Manchado	Taché
Manguera	Tuyau
Mantequilla	Beurre
Mantequilloso	Beurré
Manzanas Verdes	Pomme Verte
Máquinas De Sacudimiento Horizonta	Machine À Vendanger
Maridaje	Mariage
Maridar	Marier
Materia Colorante	Matière Colorante
Matices	Nuances
Matices	Nuances
Menisco	Ménisque
Mentol	Menthol

Español	Francés
Mentolado	Mentholé
Método Champenoise	Méthode Champenoise
Método Charmat	Méthode Charmat
Método Tradicional	Méthode Traditionnelle
Mezcla	Coupage/Mélange
Mineral	Minéral
Mistela	Mistelle
Moledora	Fouloir
Moledora	Fouloir
Moler	Fouler
Moler	Fouler
Molienda	Foulage
Molienda	Foulage
Mordiente	Mordant
Moscatel	Muscat
Mosto	Moût
Mosto Concentrado	Moût Concentré
Mosto Flor	Jus D'égouttage/Jus De Goutte

Español	Francés
Nariz	Nez
Nariz Oxidada	Nez Oxydé
Nariz Oxidada	Nez Oxydé
Neutro	Neutre
Nota	Note
Notas De Evolución	Notes D'évolution
Notas De Madera	Notes De Bois
Notas Minerales	Notes Minérales
Nube	Casse Blanche
Nuevo	Nouveau
Nuez	Noix
Nuez Moscada	Noix De Muscade
Oleoso	Huileux
Olfativo (Fase)	Olfactif
Opaco	Opaque
Opalescente	Opalescent
Organoléptico	Organoleptique
Orujo	Marc
Oxidación	Oxydation

Español	Francés
Oxidado	Oxydé
Pajizo	Paillé
Paladar	Saveur/Goût
Paladar Medio	Milieu De Bouche
Pálido	Pâle
Partículas Sólidas En Suspensión	Particules Solides En Suspension
Pasificación	Passerillage
Pastelería	Pâtisserie
Pasteurización	Pasteurisation
Pasteurizar	Pasteuriser
Pastoso	Pâteux
Pedernal	Goût De Pierre À Fusil
Penetrante	Pénétrant
Penetrante	Pénétrant
Pepita	Pépin
Persistencia	Persistance
Pesado	Lourd
Picante	Piquant

Español	Francés
Pileta	Cuve
Pimiento Morrón	Poivron
Pisada	Fouler
Pobre	Pauvre
Podredumbre Noble	Pourriture Noble
Podredumbre Noble	Pourriture Noble
Polifenol	Polyphénol
Pomelo	Pamplemousse
Potencialidad	Potentialité
Precipitación	Précipitation
Precipitar	Précipiter
Premio	Premium
Prensa	Pressoir
Prensado	Pressurage
Prensar	Presser
Productividad	Productivité
Productivo	Productif
Productor	Producteur
Prolongado	Longue/Prolongé

Español	Francés
Pruina	Pruine
Pulpa	Pulpe
Puntas	Pointe
Punzante	Aigu
Pupitre	Pupitre
Pureza	Pureté
Púrpura	Pourpre
Quebrado	Cassé
Quebradura Férrica	Casse Ferrique
Quebradura Férrica	Casse Ferrique
Quemado	Brûlé
Quiebra	Casse
Racimo	Grappe
Raspón	Rafle
Recordar	Rappeler
Redondez	Rondeur
Redondo	Rond
Reducción	Réduction
Refractometría	Réfractométrie

Español	Francés
Refractómetro	Réfractomètre
Refrescar	Rafraîchir
Remontaje	Remontage
Remontar	Remonter
Removido	Remuage/Brassage
Rendimiento	Rendement
Reposar	Reposer
Reposo	Repos
Resabio	Arrière-Goût
Reserva	Réserve
Resina	Résine
Respiración	Respiration
Retrogusto	Arrière-Goût
Ribete	Liséré
Roble	Chêne
Robusto	Robuste
Rodillo	Rouleau
Rojizo	Roussi
Rojo	Rouge

Español	Francés
Rojo Amarillento	Rouge Jaunâtre
Rojo Amarillento	Rouge Jaunâtre
Rojo Cereza	Rouge Cerise
Rojo Fuego	Rouge Feu
Romper El Sombrero	Casser Le Chapeau
Romper El Sombrero	Casser Le Chapeau
Rosado	Rosé
Rubí	Rubis
Sabor	Saveur
Sabroso	Savoureux
Satinado	Satiné
Seco	Sec/Sèche
Sedimentación	Dépôt/Sédimentation
Sedimentación	Dépôt/Sédimentation
Sedimentar	Déposer/Sédimenter
Sedimentar	Déposer/Sédimenter
Sedimento	Sédiment/Dépôt
Sedoso	Soyeux
Semilla	Pépin

Español	Francés
Serio	Sérieux
Sombrero	Chapeau
Sommelier	Sommelier
Suave	Suave
Suavidad	Douceur
Sulfato	Sulfate
Sulfitado	Sulfitage
Sulfuroso	Soufré (Vin)
Suntuoso	Somptueux
Sustancioso	Mœlleux/Qui A De La Substance
Sutil	Subtil
Tabaco	Cigare/Tabac
Tacto En Boca	Saveur En Bouche
Tampone	Bouchon
Tánico	Tanique
Tanino	Tanin
Tanque	Cuve
Tardío	Tardif

Español	Francés
Tartrato	Tartrate
Temperatura Ambiente	Température Ambiante
Tenacidad	Ténacité
Terpénico	Terpénique
Terpeno	Terpène
Terroso	Terreux
Terruño	Terroir
Textura	Texture
Tierno	Tendre
Tinta China	Encre De Chine
Tinte	Teinte
Tinto	Rouge
Tolva De Descarga	Conquet
Tonalidad	Tonalité
Tonel	Fût
Tonelería	Tonnellerie
Tonelero	Tonnelier
Tono	Tonalité
Toque	Touche

Español	Francés
Tostado	Grillé
Trasegar	Soutirer
Trasiego	Tirage/Soutirage
Trituradora	Broyeur
Trufa	Truffe
Turbidez	Turbidité
Turbio	Trouble
Untuoso	Onctueux
Uva	Raisin
Uva De Mesa	Raisin De Table
Vainilla	Vanille
Variedad	Cépage
Variedad	Cépage
Varietale	Vin De Cépage
Varilla	Baguette
Vasija	Cuve
Vendimia	Vendange
Venencia/Venecia	Dégustateur
Verde	Vert

Español	Francés
Verdor	Verdeur
Verdor	Verdeur
Vid	Vigne
Vigoroso	Vigoureux
Viñedo	Vignoble
Vinificación	Vinification
Vino	Vin
Vino A Granel	Vin En Vrac
Vino Alcoholizado	Vin Alcoolisé
Vino Base	Vin De Base
Vino De Aguja	Vin Pétillant
Vino De Gota	Vin De Goutte
Vino De Guarda	Vin De Garde
Vino De Jarra	Vin En Carafe/En Pichet
Vino De Licor	Vin De Liqueur
Vino De Mesa	Vin De Table
Vino De Prensa	Vin De Presse
Vino Del Año	Vin De L'année

Español	Francés
Vino Dulce	Vin Doux
Vino Dulce	Vin Doux
Vino Emblemático	Vin Emblématique
Vino Espumoso	Vin Mousseux
Vino Fortificado	Vin Fortifié
Vino Generoso	Vin Généreux
Vino Generoso	Vin Généreux
Vino Ordinario	Vin Ordinaire
Vino Passito	Vin De Paille
Vino Passito	Vin De Paille
Vino Quieto	Vin Tranquille
Vino Varietal	Vin De Cépage
Vino Verde	Verju
Vinosidad	Vinosité
Violáceo	Violacé
Viscosidad	Viscosité
Viscoso	Visqueux
Visos	Teintes
Visual	Visuel

Español	Francés
Viticultura	Viticulture
Vitivinicultura	Vitiviniculture
Vivaz	Vivace
Voluptuoso	Voluptueux
Zymurgy	Zimuría

Español - Alemán

Español	Alemán
Abierto	Anämisch
Abocado	Süß
Acabado	Ausgebaut
Acabar	Ende
Acarrear	Transportieren
Acarreo	Transport
Acescencia	Essigstich
Acetaldehído	Acetaldehyd
Acetato Etílico	Essigsäureäthylester
Acético	Stichig
Acetona	Keton
Acidez	Säuregehalt
Acidez Total	Gesamtsäure
Acidez Volátil	Flüchtige
Ácido	Säure
Ácido	Säuerlich
Ácido Láctico	Milchsäure
Ácido Málico	Apfelsäure
Ácido Sucínico	Succinsäure
Ácido Tartárico	Weinsäure

Español	Alemán
Acre	Leicht Säuerlich
Aerobio	Aerob
Agraz	Manna
Agresivo	Rauh
Aguado	Wässerig
Ahumado	Geräuchert
Ajerezado	Sherrygeschmack
Ajerezado	Sherrygeschmack
Albúmina	Eiweiß
Albúmina	Eiweiß
Alcohol	Alkohol
Alcohol Adquirido	Tatsächlich Entwickelter Alkohol
Alcohol Potencial	Potentiell Vorhandener Alkohol
Alcohol Rectificado	Rektifizierter Alkohol
Alcohol Total	Gesamtalkohol
Alcohol Vínico	Weinalkohol
Alcóholico	Alkoholisch
Alcoholización	Alkoholzusatz
Alcohómetro	Alkoholometer

Español	Alemán
Aldehído	Aldehyd
Aliáceo	Knoblaucharoma
Almacenamiento	Lagern
Amargo	Bitterlich
Amargo	Bitter
Amargor	Bitterkeit
Ámbar	Amber
Ambarino	Bernsteinfarben/ Topasfarben/ Bernsteingelb
Amoscatelado	Muskatbukett/ Muskattellerton
Amplio	Füllig
Añada	Jahrgang
Añejado	Abgelagert
Añejar	Ablagern
Añejo	Abgelagert
Anhídrido Carbónico	Kohlensäure
Animal	Tieraroma
Antocian	Blumenblau
Antocianina	Anthocyane

Español	Alemán
Arenar	Sandeln
Aristas	Kantig
Armonía	Harmonie
Aroma	Aroma
Aroma Terciario	Tertiäres Aroma
Aromas De Reducción	Aromen Reduktion
Aromas Minerales	Mineralisches Aroma
Aromático	Aromatisch
Arrope	Konzentrierter Most
Áspero	Hart
Áspero	Hart
Astringencia	Adstringierender Effekt
Astringente	Adstringierend
Ataque	Befall
Aterciopelado	Samtig
Austero	Ernst
Avainillado	Vanillegeschmack/ Vanilleduft
Azúcar Residual	Restzucker
Azufrado	Schwefeln
Azufre	Schwefel

Español	Alemán
Balsámico	Balsamisch
Barniz	Firnis
Barrica	Kleines Fass
Barril	Fass
Bastoneo	Schlagen/Umrühren
Baya	Beere
Bazuqueo	Unterstoßen
Beta-Glucosidasa	Betha-Glucosidase
Bitartrato De Potasio	Kaliumbitartrat
Bivarietal	Verschnitten
Blanco	Weißwein
Blanco De Blancas	Blanc
Blando	Fad
Bodega	Weinkeller
Bombeo	Abpumpen
Bordelesa	Tonne
Borra	Bodensatz
Bota	Lederflasche
Botella	Flasche
Botritizado	Schimmelbefall

Español	Alemán
Bouquet	Bukett
Bozal	Bügelverschluss
Bozal	Bügelverschluss
Bozalado	Muselage
Brillante	Glänzend
Brillantez	Glanz
Brix (Grado)	Brix-Grade
Brut	Brut
Cálido	Wärmend
Cangilón (Cadena De)	Eimerkette
Canilla	Fasshahn
Canuto	Tube
Caoba	Mahagonibaum
Carácter	Charakter
Caramelizado	Aroma Nach Karamel
Carmín	Karminrot
Carnoso	Fleischig
Cáscara De Naranja	Orangenschale
Casis	Schwarze Johannisbeere

Español	Alemán
Casse Maloláctica	Quebradura Maloláctica
Cata	Weinprobe/Weinkost
Catador	Weinverkoster
Catar	Verkosten
Cava	Weinkeller
Cedro	Zeder
Centrifugar	Zentrifugieren
Cepa	Rebsorte
Cepa	Rebsorte
Cereza	Kirsche
Cerrado	Unreif
Cesta	Dekantierkörbchen
Cesta	Dekantierkörbchen
Chaptalización	Chaptalizierung
Chips	Eichen-Chips
Ciruela	Pflaume
Cítrico	Zitrusfrucht
Clara De Huevo	Eiweiß
Clarete	Klarettwein
Claridad	Klarheit

Español	Alemán
Clarificación	Klärung/Schönung
Clarificar	Schönen/Klären
Clavo De Olor	Gewürznelke
Colorímetro	Kolorimeter
Compacto	Compac
Complejo	Komplex
Corcho	Kork
Corona	Schaumkrone
Corpulento	Körperreich
Corte	Verschnitt
Cosecha	Ernte
Cosecha Tardía	Spätlese
Costra	Farbdepot
Costra	Farbdepot
Cremor Tártaro	Weinstein
Crianza	Weinpflege
Crianza Oxidativa	Alterungsprozess Oxidation
Criar	Züchten
Cuba	Fass
Cuba De Fermentación	Gärbehälter

Español	Alemán
Cuello	Flaschenhals
Cuero	Ledergeruch
Cuerpo	Körperreich
Cultivador	Erzeuger
Damajuana	Korbflasche
Dátiles	Dattel
Decantación	Dekantieren
Decantado	Dekantiert
Decantar	Dekantieren
Decanter	Karaffe
Defectuoso	Fehlerhaft
Degollar	Ausspeien
Degüello	Enthefung
Degustación	Weinprobe
Degustar	Kosten/Probieren
Dejo	Nachgeschmack
Delgado	Mager/Dünn
Delicado	Delikat
Demi-Sec	Halbtrocken

Español	Alemán
Denominación De Origen Controlada (D.O.C)	Herkunftsbezeichnung
Denso	Dicht
Depósito	Niederschlag
Desarrollado	Aufgeblüht
Desborrar	Ohne Bodensatz
Desborre	Austrieb
Descobajado	Schneide Den Traubenstiel
Descobajadora	Abbeermaschine
Descubado	Entkapselt
Descube	Abstechen
Desequilibrado	Unausgewogen
Despalillado	Abbeeren
Despalillador	Traubenabbeermaschine
Despalillar	Abbeeren/Entrappen
Destello	Funke
Desvanecido	Schal
Distinguido	Vornehm
Distintivo	Sich Unterscheiden

Español	Alemán
Dorado	Goldgelb
Drenado	Dränage
Duela	Dauben
Dulce	Süß
Dulce Natural	Natursüße
Dulzor	Süße
Duro	Hart
Efervescencia	Aufbrausen
Efervescente	Spritzig/Prickeln
Elegante	Elegant
Embotellado	Flaschenfüllung
Embotelladora	Abfüllmaschine
Embotellar	Abfüllen
Empalagoso	Mostigsüß/Pappsüß/ Widerlich Süß
Encabezado	Alkolholzusatz
Encubar	Einlagern
Eneldo	Dill
Enfriado	Tiefgekühlt
Enfriar	Abkühlen
Enófilo	Oenophil

Español	Alemán
Enología	Önologie
Enología	Önologie
Enólogo	Önologe
Enólogo	Önologe
Entrada	Beginn
Envejecimiento	Alterung
Envinado	Verstärkt
Enzima	Enzym
Equilibrado	Ausgeglichen
Equilibrio	Ausgeglichenheit
Escala	Staffelung
Escobajo	Rappe
Escurridor	Abtropfbrett
Escurrir	Entsaften
Especiado	Würzig
Espiche	Anstich
Espuma	Schaum
Espumoso	Schaumwein
Estabilización	Ausbau
Estabilizar	Ausgleichen

Español	Alemán
Estable	Stabil
Estacionar	Klären
Éster	Ester
Estiba	Stauung
Estibar	Stapeln
Estirado	Überstreckt
Estructura	Struktur
Estrujado	Auspressen
Estrujadora	Traubenmühle
Etanol	Äthanol
Etéreo	Ätherisch
Etiqueta	Etikett
Evolucionado	Entwickelt
Expendedor	Verkäufer
Expresión Aromática	Aromatischer Ausdruck
Extracto	Extrakt
Fabricar Toneles	Küpfermeister
Fenol	Phenol
Fenólico	Phenolisch
Fermentación	Gärung

Español	Alemán
Fermentación Alcohólica	Alkoholische Gärung
Fermentación Detenida	Gärung Verhaftet
Fermentación Lenta	Kaltgärung
Fermentación Maloláctica	Apfel-Milchsäure-Gärung
Fermentación Principal	Hauptgärung
Fermentación Secundaria	Nachgärung
Fermentación Tumultuosa	Stürmische Gärung
Fermentar	Gären/Säuern
Filtración	Filtern
Filtrado	Gefiltert
Filtrar	Filtern
Final De Boca	Nachgeschmack
Finca	Weingut
Fino	Fein
Firme	Fest
Flauta	Sektglas
Flexible	Flexibel

Español	Alemán
Flojo	Flach
Floral	Blütenduft
Flotar	Schwimmen
Fortificado	Ausgespritet
Fragante	Duftend
Frambuesa	Himbeere
Franco	Reintönig
Frappé	Gekühlt
Fresco	Frisch
Frutado	Fruchtig
Frutal	Fruchtig/Obstig
Frutas Tropicales	Tropenfrüchte
Frutilla/Fresa	Erdbeere
Frutos Rojos	Beerenaroma
Frutos Secos	Nussgeschmack
Fuerte	Stark
Fugaz	Flüchtig
Fugaz Paso Por Madera	Kurze Zeit In Holz
Gama	Spitzenwein
Garrafa	Karaffe

Español	Alemán
Gas Carbónico	Kohlendyoxid/ Kohlensäure
Gasificado	Mit Kohlensäure
Genérico	Gattungsbezeichnung
Generoso	Generös
Geranio	Geranie
Glicerina	Glyzerin
Glicerol	Glyzerol
Glicosidasa	Glykosidase
Glucano	Glucan
Gollete	Flaschenhals
Goma Arábiga	Gummi Arabicum
Gomoso	Gummiartig
Grado De Balling	Balling-Grade
Granate	Granatfarben
Grano	Beere
Graso	Fett
Grava	Kiesgrund
Grosella Negra	Schwarze Johannisbeere
Guinda	Sauerkirsche

Español	Alemán
Gustativo	Geschmacklich
Gusto A Corcho	Korkgeschmack
Herbáceo	Grasig/Grasherb
Herbáceo	Grasig/Grasherb
Hollejo	Beerenhülse
Hollejo Maduro	Reife Beerenhülse
Hueco	Leer
Huevos Podridos	Faule Eier
Impetuoso	Herzhaft
Incienso	Weihrauchgeruch
Incisivo	Schneidig
Insípido	Fad
Intensidad	Intensität
Intenso	Vollmundig/Körperreich
Jazmín	Jasmin
Jengibre	Ingwer
Joven	Jung
Jugo	Saft
Juventud	Jugend
Lagar	Presse

Español	Alemán
Lágrima	Träne
Lana Mojada	Feuchte Wolle
Lanolina	Lanoline
Largo	Nachhaltig
Levadura	Hefe
Lías	Trub
Licor	Likör
Licor De Expedición	Versandlikör
Licor De Tiraje	Likörartig
Licoroso	Alkoholreich
Ligero	Leicht
Limpidez	Klarheit
Limpio	Sauber
Listo	Ausgereift
Maceración	Mazerierung
Maceración Carbónica	Kohlensäurehaltige Mazeration
Maceración En Frío	Beerenhautmazeration
Maceración Inducida En Botella	Mazerierung In Der Flasche
Maderizado	Maderisiert

Español	Alemán
Madre	Reife
Maduración	Reifen
Madurar	Reif/Gereift
Maduro	Reif
Málico	Apfelgeschmack
Manchado	Verfärbt
Manguera	Schlauch
Mantequilla	Butter
Mantequilloso	Butterig
Manzanas Verdes	Apfelaroma
Máquinas De Sacudimiento Horizonta	Erntemaschine
Maridaje	Enge Verbindung
Maridar	Eng Verbinden
Materia Colorante	Farbstoff
Matices	Färbung
Matices	Nuance
Menisco	Meniskus
Mentol	Menthol
Mentolado	Mit Menthol

Español	Alemán
Método Champenoise	Flaschengärungverfahren
Método Charmat	Abstichmethode
Método Tradicional	Traditionelle Methode
Mezcla	Verschnitt
Mineral	Mineralisch
Mistela	Mistela
Moledora	Kelter
Moledora	Kelter
Moler	Keltern
Moler	Keltern
Molienda	Kelterung
Molienda	Kelterung
Mordiente	Bissig
Moscatel	Muskateller
Mosto	Most
Mosto Concentrado	Mostkonzentrat
Mosto Flor	Entwässerung Saft
Nariz	Nase
Nariz Oxidada	Oxidierte Nase
Nariz Oxidada	Oxidierte Nase

Español	Alemán
Neutro	Neutral
Nota	Note
Notas De Evolución	Entwicklungshinweise
Notas De Madera	Holzgeschmack
Notas Minerales	Mineralisch
Nube	Weisser Bruch
Nuevo	Neuer Wein
Nuez	Walnuss
Nuez Moscada	Muskatnuss
Oleoso	Ölig
Olfativo (Fase)	Olfaktorisch
Opaco	Undurchsichtig
Opalescente	Opalisierend
Organoléptico	Organoleptisch
Orujo	Trester
Oxidación	Oxidierung
Oxidado	Versiedet/Oxidiert
Pajizo	Strohfarben
Paladar	Gaumen
Paladar Medio	Mitte Gaumen

Español	Alemán
Pálido	Bleich
Partículas Sólidas En Suspensión	Schwebstoffe
Pasificación	Rosinen
Pastelería	Bäckerei
Pasteurización	Pasteurisieren
Pasteurizar	Pasteurisieren
Pastoso	Zähflüssig
Pedernal	Feuersteingeschmack
Penetrante	Aufsteigend/ Aufdringlich
Penetrante	Aufsteigend/ Aufdringlich
Pepita	Kern
Persistencia	Nachhaltigkeit
Pesado	Schwer
Picante	Scharf
Pileta	Bottich
Pimiento Morrón	Paprika
Pisada	Lauffläche
Pobre	Arm

Español	Alemán
Podredumbre Noble	Edelfäule
Podredumbre Noble	Edelfäule
Polifenol	Poliphenole
Pomelo	Pampelmuse
Potencialidad	Kraft
Precipitación	Niederschlag
Precipitar	Ausfällen
Premio	Premiumwein
Prensa	Presse
Prensado	Keltern
Prensar	Pressen
Productividad	Produktivität
Productivo	Ergiebig
Productor	Erzeuger
Prolongado	Lang
Pruina	Reif
Pulpa	Fruchtfleisch
Puntas	Eckig/Kantig
Punzante	Scharf
Pupitre	Mischpult

Español	Alemán
Pureza	Reinheit
Púrpura	Purpurfarben
Quebrado	Getrübt
Quebradura Férrica	Blauwerden
Quebradura Férrica	Blauwerden
Quemado	Brenzlig/Brandiges Aroma
Quiebra	Bruch
Racimo	Traube
Raspón	Rappen
Recordar	Erinnern
Redondez	Rundung
Redondo	Rund
Reducción	Reduktion
Refractometría	Refraktometrie
Refractómetro	Refraktometer
Refrescar	Verjüngen
Remontaje	Rütteln
Remontar	Umpumpen
Removido	Umrühren
Rendimiento	Ertrag

Español	Alemán
Reposar	Ablagern
Reposo	Lager
Resabio	Nachgescmack
Reserva	Reserve
Resina	Geharzt
Respiración	Lüftung
Retrogusto	Nachwirkend
Ribete	Note
Roble	Eiche
Robusto	Robust/Solid
Rodillo	Rolle
Rojizo	Fuchsrot
Rojo	Rot
Rojo Amarillento	Gelbliches Rot
Rojo Amarillento	Gelbliches Rot
Rojo Cereza	Kirschrot
Rojo Fuego	Feurig/Feurigrot
Romper El Sombrero	Entkorken
Romper El Sombrero	Entkorken
Rosado	Roséwein

Español	Alemán
Rubí	Rubin
Sabor	Geschmack
Sabroso	Lecker
Satinado	Seidig
Seco	Trocken
Sedimentación	Depot Bildung
Sedimentación	Depot Bildung
Sedimentar	Depot Bilden
Sedimentar	Depot Bilden
Sedimento	Depot
Sedoso	Seidig
Semilla	Kern
Serio	Ernst
Sombrero	Kapsel
Sommelier	Sommelier
Suave	Sanft/Geschmeidig
Suavidad	Milde
Sulfato	Sulfat
Sulfitado	Überschwefelt
Sulfuroso	Sulfidisch/ Schwefelhaltig

Español	Alemán
Suntuoso	Prachtvoll
Sustancioso	Vollmundig/Körperreich
Sutil	Hochfein
Tabaco	Tabak
Tacto En Boca	Organoleptische Empfindung
Tampone	Pfropfen
Tánico	Tanninhaltig
Tanino	Gerbstoff
Tanque	Tank
Tardío	Hochreif
Tartrato	Tartrat
Temperatura Ambiente	Raumtemperatur
Tenacidad	Nachhalt
Terpénico	Terpenisch
Terpeno	Terpene
Terroso	Bodengeschmack
Terruño	Boden
Textura	Struktur
Tierno	Artig
Tinta China	Tinte

Español	Alemán
Tinte	Ton
Tinto	Rotwein
Tolva De Descarga	Trogförmiger Trichter Der Traubenmühle
Tonalidad	Tönung
Tonel	Fass
Tonelería	Fassbestand
Tonelero	Böttchermeister
Tono	Farbton
Toque	Hauch
Tostado	Geröstet
Trasegar	Abstechen/Entleeren
Trasiego	Entleerung
Trituradora	Quetschmaschine
Trufa	Trüffel
Turbidez	Trübschleier
Turbio	Trüb
Untuoso	Geschmeidig
Uva	Traube
Uva De Mesa	Tafeltrauben
Vainilla	Vanille

Español	Alemán
Variedad	Rebsorte
Variedad	Rebsorte
Varietale	Rebsorte
Varilla	Latte/Leiste
Vasija	Gefäß/Behälte
Vendimia	Traubenernte
Venencia/Venecia	Probezieher/ Weinheber
Verde	Grün
Verdor	Grüngeschmack
Verdor	Grüngeschmack
Vid	Weinstock
Vigoroso	Widerstandsfähig
Viñedo	Weinbaugebiet
Vinificación	Weinbereitung
Vino	Wein
Vino A Granel	Hauptteilwein
Vino Alcoholizado	Gespriteter Wein
Vino Base	Grundwein
Vino De Aguja	Perlwein
Vino De Gota	Laufen Wein

Español	Alemán
Vino De Guarda	Alter Von Wein
Vino De Jarra	Einfach
Vino De Licor	Likörwein
Vino De Mesa	Tischwein/Tafelwein
Vino De Prensa	Scheitermost
Vino Del Año	Neuer Wein
Vino Dulce	Süßwein
Vino Dulce	Süßwein
Vino Emblemático	Ikonischen Wein
Vino Espumoso	Schaumwein
Vino Fortificado	Gespriteter Wein
Vino Generoso	Feiner Tischwein
Vino Generoso	Feiner Tischwein
Vino Ordinario	Einfach
Vino Passito	Strohwein
Vino Passito	Strohwein
Vino Quieto	Stillwein
Vino Varietal	Verschnitt
Vino Verde	Verjus
Vinosidad	Weinig

Español	Alemán
Violáceo	Violett
Viscosidad	Viskozität
Viscoso	Zähflüssig
Visos	Schillern
Visual	Visuelle
Viticultura	Weinbau
Vitivinicultura	Weinbau
Vivaz	Lebhaft
Voluptuoso	Vollkommen
Zymurgy	Zymurgie

Español - Italiano

Español	Italiano
Abierto	Aperto
Abocado	Abbocato
Acabado	Finito/Pieno
Acabar	Terminare
Acarrear	Trasportare
Acarreo	Trasporto
Acescencia	Acescenza
Acetaldehído	Acetaldeide
Acetato Etílico	Acetato Di Etile
Acético	Pungente
Acetona	Acetone
Acidez	Acidità
Acidez Total	Acidità Totale
Acidez Volátil	Acidità Volatile
Ácido	Acido
Ácido	Ulousacido
Ácido Láctico	Acido Lattico
Ácido Málico	Acido Malico
Ácido Sucínico	Acido Succinico
Ácido Tartárico	Acido Tartarico

Español	Italiano
Acre	Acre
Aerobio	Aerobico
Agraz	Duro
Agresivo	Aggressivo
Aguado	Annacquato
Ahumado	Affumicato
Ajerezado	Marsalato
Ajerezado	Marsalato
Albúmina	Albumina
Albúmina	Albumina
Alcohol	Alcol
Alcohol Adquirido	Alcol Arricchito
Alcohol Potencial	Alcol Potenziale
Alcohol Rectificado	Alcol Rettificato
Alcohol Total	Alcol Totale
Alcohol Vínico	Alcol Vinico
Alcóholico	Alcoolato
Alcoholización	Alcoolizzazione
Alcohómetro	Etilometro
Aldehído	Aldeide

Español	Italiano
Aliáceo	Oddore Di Aglio
Almacenamiento	Immagazzinamento
Amargo	Amaro
Amargo	Amaro
Amargor	Amaro
Ámbar	Ambra
Ambarino	Ambrato
Amoscatelado	Aggiunto Di Moscato
Amplio	Ampio
Añada	Annata
Añejado	Invecchiato
Añejar	Invecchiare
Añejo	Invecchiato
Anhídrido Carbónico	Biossido Di Carbonio
Animal	Animale
Antocian	Antociano
Antocianina	Antocianina
Arenar	Sabbiare
Aristas	Angoli
Armonía	Armonia

Español	Italiano
Aroma	Aroma
Aroma Terciario	Aroma Terziario
Aromas De Reducción	Sapore Di Ridotto
Aromas Minerales	Arome Minerali
Aromático	Aromatico
Arrope	Sciroppo
Áspero	Aspro
Áspero	Aspro
Astringencia	Astringenza
Astringente	Astringente
Ataque	Attacco
Aterciopelado	Complesso/Corposo
Austero	Austero
Avainillado	Sapore Di Vaniglia
Azúcar Residual	Zucchero Residuo
Azufrado	Ingzolforato
Azufre	Zolfo
Balsámico	Balsamico
Barniz	Vernice
Barrica	Barile

Español	Italiano
Barril	Barile
Bastoneo	Bastonatura
Baya	Acino
Bazuqueo	Agitazione
Beta-Glucosidasa	Beta-Glucoside
Bitartrato De Potasio	Bitartrato Di Potasio
Bivarietal	Bivarietale
Blanco	Bianco
Blanco De Blancas	Blanc De Blancs
Blando	Molle
Bodega	Cantina
Bombeo	Pompaggio
Bordelesa	Barile/Barrica
Borra	Feccia/Sedimento
Bota	Otre
Botella	Bottiglia (Puzza Di)
Botritizado	Botritizzata
Bouquet	Insieme Di Profumi
Bozal	Gabbietta
Bozal	Gabbietta

Español	Italiano
Bozalado	Ingabbiettatura
Brillante	Brillante
Brillantez	Brillantezza
Brix (Grado)	Brix
Brut	Brut
Cálido	Caloroso
Cangilón (Cadena De)	Secchio
Canilla	Rubinetto
Canuto	Cannuccia
Caoba	Mogano
Carácter	Carattere
Caramelizado	Caramellato
Carmín	Rosso Carmine
Carnoso	Carnoso
Cáscara De Naranja	Buccia Di Arancia
Casis	Ribes Nero
Casse Maloláctica	Fermentazione Interrotta/Malolattica
Cata	Degustazione
Catador	Degustatore
Catar	Degustare

Español	Italiano
Cava	Cantina
Cedro	Cedro
Centrifugar	Centrifugare
Cepa	Ceppo
Cepa	Ceppo
Cereza	Ciliegia
Cerrado	Chiuso
Cesta	Cesta
Cesta	Cesta
Chaptalización	Zuccheraggio
Chips	Chips/Segatura
Ciruela	Pruna/Susina
Cítrico	Citrico
Clara De Huevo	Bianco D'uovo/Chiaro D'uovo
Clarete	Claretto
Claridad	Chiarezza
Clarificación	Chiarifica
Clarificar	Chiarificare
Clavo De Olor	Chiodi Di Garofano
Colorímetro	Colorimetro

Español	Italiano
Compacto	Compatto
Complejo	Complesso
Corcho	Tappo
Corona	Corona
Corpulento	Robusto
Corte	Taglio
Cosecha	Raccolto
Cosecha Tardía	Vendemmia Tardiva
Costra	Crosta
Costra	Crosta
Cremor Tártaro	Cremor Tartaro
Crianza	Conservazione
Crianza Oxidativa	Conservazione In Fase Ossidante
Criar	Allevare
Cuba	Botte
Cuba De Fermentación	Contenitore Di Fermentazione
Cuello	Collo
Cuero	Cuoio
Cuerpo	Con Corpo

Español	Italiano
Cultivador	Coltivatore
Damajuana	Damigiana
Dátiles	Datteri
Decantación	Separazione
Decantado	Decantato
Decantar	Separare
Decanter	Decantatore/Brocca
Defectuoso	Difettoso
Degollar	Sgozzare/Aprire
Degüello	Sboccatura
Degustación	Assaggio
Degustar	Assagiare
Dejo	Retrogusto
Delgado	Magro
Delicado	Delicato
Demi-Sec	Demi-Sec
Denominación De Origen Controlada (D.O.C)	Denominazione Di Origine Controllata
Denso	Denso
Depósito	Deposito

Español	Italiano
Desarrollado	Sviluppato/Non Sviluppato
Desborrar	Chiarificare
Desborre	Chiarifica
Descobajado	Diraspatura
Descobajadora	Diraspatura
Descubado	Rimuovere Dalla Botte
Descube	Svinatura
Desequilibrado	Squilibrato
Despalillado	Diraspato
Despalillador	Diraspatura
Despalillar	Diraspare
Destello	Vivacità/Brillantezza
Desvanecido	Svanito
Distinguido	Nobile/Austero
Distintivo	Distintivo
Dorado	Dorato
Drenado	Drenato
Duela	Doga
Dulce	Dolce
Dulce Natural	Dolce Naturale

Español	Italiano
Dulzor	Dolcezza
Duro	Duro
Efervescencia	Effervescenza
Efervescente	Effervescente
Elegante	Elegante
Embotellado	Imbottigliato
Embotelladora	Imbottigliatrice
Embotellar	Imbottigliare
Empalagoso	Evole
Encabezado	Arricchito
Encubar	Imbottare
Eneldo	Aneto
Enfriado	Raffreddato
Enfriar	Raffreddare
Enófilo	Enofilo
Enología	Enologia
Enología	Enologia
Enólogo	Enologo
Enólogo	Enologo
Entrada	Inizio

Español	Italiano
Envejecimiento	Invecchiamento
Envinado	Avvinato
Enzima	Enzima
Equilibrado	Equilibrato
Equilibrio	Equilibrio
Escala	Scala
Escobajo	Raspo
Escurridor	Grondatore
Escurrir	Sgrondare
Especiado	Speziato
Espiche	Ceppo
Espuma	Spuma
Espumoso	Spumante
Estabilización	Stabilizzazione
Estabilizar	Stabilizzare
Estable	Stabile
Estacionar	Invecchiare
Éster	Estere
Estiba	Immagazzinaggio
Estibar	Immagazzinare

Español	Italiano
Estirado	Annacquato/Aggiunto Di
Estructura	Struttura
Estrujado	Premitura
Estrujadora	Pigiatrice
Etanol	Etanolo
Etéreo	Etereo
Etiqueta	Etichetta
Evolucionado	Evoluto
Expendedor	Distributore
Expresión Aromática	Espressione Aromatica
Extracto	Estratto
Fabricar Toneles	Fabbricare Botti
Fenol	Fenolo
Fenólico	Fenolico
Fermentación	Fermentazione
Fermentación Alcohólica	Fermentazione Alcolica
Fermentación Detenida	Fermentazione Incompleta
Fermentación Lenta	Fermentazione Lenta

Español	Italiano
Fermentación Maloláctica	Fermentazione Malolattica
Fermentación Principal	Fermentazione Principale
Fermentación Secundaria	Fermentazione Secondaria
Fermentación Tumultuosa	Fermentazione Tumultuosa
Fermentar	Fermentare
Filtración	Filtraggio
Filtrado	Filtrato
Filtrar	Filtrare
Final De Boca	Finale Di Bocca
Finca	Azienda Agricola
Fino	Fino
Firme	Solido
Flauta	Flute
Flexible	Flessibile
Flojo	Debole/Molle
Floral	Floreale
Flotar	Galleggiare
Fortificado	Rinforzato

Español	Italiano
Fragante	Fragrante
Frambuesa	Lampone
Franco	Franco/Genuino
Frappé	Ben Freddo
Fresco	Fresco
Frutado	Frutato
Frutal	Frutato
Frutas Tropicales	Frutti Tropicali
Frutilla/Fresa	Fragola
Frutos Rojos	Frutti Di Bosco
Frutos Secos	Frutta Secca
Fuerte	Forte
Fugaz	Fugace
Fugaz Paso Por Madera	Passagio Veloce Per Il Legno
Gama	Gamma
Garrafa	Caraffa/Bombola
Gas Carbónico	Gas Carbonico
Gasificado	Gassoso
Genérico	Generico
Generoso	Generoso

Español	Italiano
Geranio	Geranio
Glicerina	Glicerina
Glicerol	Glicerolo
Glicosidasa	Glucosidasi
Glucano	Gluconato
Gollete	Nec
Goma Arábiga	Gomma Arabica
Gomoso	Gommoso
Grado De Balling	Grado Di Ballo
Granate	Granata
Grano	Grano
Graso	Grasso
Grava	Ghiaia
Grosella Negra	Ribes Nero
Guinda	Amarena
Gustativo	Gustativa
Gusto A Corcho	Sapore Di Sughero
Herbáceo	Erbaceo
Herbáceo	Erbaceo
Hollejo	Buccia

Español	Italiano
Hollejo Maduro	Buccia Matura
Hueco	Buco
Huevos Podridos	Sapore D'uovo Marchio
Impetuoso	Impetuoso
Incienso	Incenso
Incisivo	Incisivo
Insípido	Insipido
Intensidad	Intensità
Intenso	Intenso
Jazmín	Gelsomino
Jengibre	Zenzero
Joven	Giovane
Jugo	Succo
Juventud	Giovinezza
Lagar	Tramoggia
Lágrima	Lacrime/Archetti
Lana Mojada	Lana Bagnata
Lanolina	Lanolina
Largo	Lungo
Levadura	Lieviti

Español	Italiano
Lías	Fune
Licor	Liquore
Licor De Expedición	Liquore Di Spedizione
Licor De Tiraje	Liqueur De Tirage
Licoroso	Liquoroso
Ligero	Leggero
Limpidez	Limpidezza
Limpio	Pulito
Listo	Fatto
Maceración	Macerazione
Maceración Carbónica	Macerazione Carbonica
Maceración En Frío	Macerazione A Freddo
Maceración Inducida En Botella	Macerazione Indotta In Bottiglia
Maderizado	Maderizzato/Marsalato
Madre	Madre
Maduración	Maturazione
Madurar	Maturare
Maduro	Maturo
Málico	Malico

Español	Italiano
Manchado	Macchiato
Manguera	Tubo Flessibile
Mantequilla	Burro
Mantequilloso	Burroso
Manzanas Verdes	Mele Verdi
Máquinas De Sacudimiento Horizonta	Macchina A Scuotimento Orizontale
Maridaje	Matrimonio
Maridar	Mescolare
Materia Colorante	Materia Colorante
Matices	Sfumature
Matices	Sfumature
Menisco	Menisco
Mentol	Mentolo
Mentolado	Mentolo
Método Champenoise	Metodo Classico
Método Charmat	Metodo In Autoclave
Método Tradicional	Metodo Tradizionale
Mezcla	Taglio
Mineral	Minerale

Español	Italiano
Mistela	Mistella
Moledora	Pigliatrice
Moledora	Pigliatrice
Moler	Disrapare/Pigliare
Moler	Disrapare/Pigliare
Molienda	Pigliatura
Molienda	Pigliatura
Mordiente	Mordente
Moscatel	Moscato
Mosto	Mosto
Mosto Concentrado	Mosto Concentrato
Mosto Flor	Mosto Fiore
Nariz	Profumo/Odore/Sapore
Nariz Oxidada	Sapore Di Ossidato
Nariz Oxidada	Sapore Di Ossidato
Neutro	Neutro
Nota	Nota
Notas De Evolución	Stati Di Evoluzione
Notas De Madera	Tocchi Di Legno
Notas Minerales	Tocchi Minerali

Español	Italiano
Nube	Nuvola
Nuevo	Nuovo
Nuez	Noce
Nuez Moscada	Noce Moscata
Oleoso	Oleoso
Olfativo (Fase)	Fase Olfattiva
Opaco	Opaco
Opalescente	Opalescente
Organoléptico	Organolettico
Orujo	Vinaccia
Oxidación	Ossidazione
Oxidado	Ossidato
Pajizo	Paglierino
Paladar	Palato
Paladar Medio	Mezzo Palato
Pálido	Pallido
Partículas Sólidas En Suspensión	Particelle Solide In Sospensione
Pasificación	Appasimento
Pastelería	Pasticceria
Pasteurización	Pastorizzazione

Español	Italiano
Pasteurizar	Pastorizzare
Pastoso	Pastoso
Pedernal	Pietra Fuocaia/Selce
Penetrante	Penetrante
Penetrante	Penetrante
Pepita	Vinacciolo
Persistencia	Persistenza/Tenacita
Pesado	Pesante
Picante	Piccante
Pileta	Vasca
Pimiento Morrón	Peperone Dolce
Pisada	Battistrada
Pobre	Povero
Podredumbre Noble	Marciume Nobile
Podredumbre Noble	Marciume Nobile
Polifenol	Polifenolo
Pomelo	Pompelmo
Potencialidad	Potenzialità
Precipitación	Precipitazione
Precipitar	Precipitare

Español	Italiano
Premio	Competitivo
Prensa	Pressa
Prensado	Pressatura
Prensar	Pressare
Productividad	Produttività
Productivo	Produttivo
Productor	Produttore
Prolongado	Allungato
Pruina	Pruina
Pulpa	Polpa
Puntas	Prima Sensazione Di Fumo Di Alcool
Punzante	Pungente
Pupitre	Banco Mobile
Pureza	Purezza
Púrpura	Porpora
Quebrado	Rotto
Quebradura Férrica	Fermentazione Ferrica
Quebradura Férrica	Fermentazione Ferrica
Quemado	Bruciato(Sapore/ Gusto)

Español	Italiano
Quiebra	Rottura
Racimo	Grappolo
Raspón	Ruvideza
Recordar	Ricordare
Redondez	Rotondità
Redondo	Rotondo
Reducción	Riduzione
Refractometría	Rifractometria
Refractómetro	Rifrattometro
Refrescar	Rinfrescare
Remontaje	Rimontaggio
Remontar	Rimontare
Removido	Rimosso
Rendimiento	Resa
Reposar	Riposare
Reposo	Riposo
Resabio	Retrogusto
Reserva	Riserva
Resina	Resina
Respiración	Respirazione

Español	Italiano
Retrogusto	Retrogusto
Ribete	Nota
Roble	Rovere/Quercia (Sapore)
Robusto	Robusto
Rodillo	Rullo
Rojizo	Con Riflessi Rossi
Rojo	Rosso
Rojo Amarillento	Con Riflessi Giallastri/ Mattonato
Rojo Amarillento	Con Riflessi Giallastri/ Mattonato
Rojo Cereza	Rosso Ciliegia
Rojo Fuego	Rosso Fuoco
Romper El Sombrero	Rompere Il Cappello Di Fermentazione
Romper El Sombrero	Rompere Il Cappello Di Fermentazione
Rosado	Rosato
Rubí	Rubino
Sabor	Sapore
Sabroso	Saporoso

Español	Italiano
Satinado	Satinato
Seco	Secco
Sedimentación	Sedimentazione/ Precipitazione
Sedimentación	Sedimentazione/ Precipitazione
Sedimentar	Precipitare
Sedimentar	Precipitare
Sedimento	Precipitato
Sedoso	Setoso
Semilla	Eme
Serio	Serio
Sombrero	Capello
Sommelier	Degustatore/ Consigliere/Sommelier
Suave	Suave/Morbido
Suavidad	Morbidezza
Sulfato	Solfato
Sulfitado	Solfitato
Sulfuroso	Solforoso
Suntuoso	Sontuoso

Español	Italiano
Sustancioso	Sostanzioso
Sutil	Sottile
Tabaco	Tabacco
Tacto En Boca	Sensazione Organolettica
Tampone	Tampón
Tánico	Tannicco
Tanino	Tannino
Tanque	Serbatoio
Tardío	Tardivo
Tartrato	Tartrato
Temperatura Ambiente	Temperatura Ambiente
Tenacidad	Tenacia
Terpénico	Terpenico
Terpeno	Terpeno
Terroso	Terroso
Terruño	Pezzo Di Terra
Textura	Solidità
Tierno	Tenero
Tinta China	Inchiostro
Tinte	Inchiostro

Español	Italiano
Tinto	Colorato/Rosso
Tolva De Descarga	Tramoggia Di Scarico
Tonalidad	Tonalità
Tonel	Botte
Tonelería	Fabbrica Di Botte
Tonelero	Bottaio
Tono	Tono
Toque	Tocco
Tostado	Tostato
Trasegar	Travasare
Trasiego	Travaso
Trituradora	Trituratrice
Trufa	Tartufo
Turbidez	Torbidezza
Turbio	Torbido
Untuoso	Untuoso
Uva	Uva
Uva De Mesa	Uva Da Tavola
Vainilla	Vaniglia
Variedad	Varietà

Español	Italiano
Variedad	Varietà
Varietale	Varietal
Varilla	Bacchetta
Vasija	Recipiente
Vendimia	Vendemmia
Venencia/Venecia	Degustatore
Verde	Verde
Verdor	Acerbità
Verdor	Acerbità
Vid	Vite
Vigoroso	Vigoroso
Viñedo	Vigneto
Vinificación	Vinificazione
Vino	Vino
Vino A Granel	Vino Sfuso
Vino Alcoholizado	Alcolizzato Vino
Vino Base	Vino Base
Vino De Aguja	Vino Frizzante
Vino De Gota	Vino Di Laccrima
Vino De Guarda	Vino Destinato Al Invecchiamento

Español	Italiano
Vino De Jarra	Vino Sfuso/In Caraffa
Vino De Licor	Vino Liquoroso
Vino De Mesa	Vino Da Tavola
Vino De Prensa	Vino Di Pressa/Torchio
Vino Del Año	Vino Dell'annata
Vino Dulce	Vino Dolce
Vino Dulce	Vino Dolce
Vino Emblemático	Vino Emblematico
Vino Espumoso	Vino Spumante
Vino Fortificado	Vino Di Aggiunto
Vino Generoso	Vino Generoso
Vino Generoso	Vino Generoso
Vino Ordinario	Vino Senza Qualità
Vino Passito	Vino Passito
Vino Passito	Vino Passito
Vino Quieto	Vino Fermo
Vino Varietal	Vino Varietale
Vino Verde	Duro
Vinosidad	Vinosità
Violáceo	Violaceo

Español	Italiano
Viscosidad	Viscosita
Viscoso	Viscoso
Visos	Fumature
Visual	Visiva
Viticultura	Viticoltura
Vitivinicultura	Viticoltura
Vivaz	Vivace
Voluptuoso	Voluttuoso
Zymurgy	Zimurgia

Español - Inglés

Español	Inglés
Abierto	Open
Abocado	Sweet
Acabado	Finish
Acabar	Finish (To)
Acarrear	Transport (To)
Acarreo	Transport
Acescencia	Acescence
Acetaldehído	Acetaldehyde
Acetato Etílico	Ethyl Acetate
Acético	Acetic
Acetona	Acetone
Acidez	Acidity
Acidez Total	Total Acidity
Acidez Volátil	Volatile Acidity
Ácido	Acid
Ácido	Acidic
Ácido Láctico	Lactic Acid
Ácido Málico	Malic Acid
Ácido Sucínico	Succinic Acid
Ácido Tartárico	Tartaric Acid

Español	Inglés
Acre	Acrid
Aerobio	Aerobic
Agraz	Unripe Berry
Agresivo	Aggressive
Aguado	Watery
Ahumado	Smoky
Ajerezado	Sherrified/Maderized
Ajerezado	Sherrified/Maderized
Albúmina	Albumin/Egg White
Albúmina	Egg White/Albumin
Alcohol	Alcohol
Alcohol Adquirido	Acquired Alcohol
Alcohol Potencial	Potential Alcohol
Alcohol Rectificado	Rectified Alcohol
Alcohol Total	Total Alcohol
Alcohol Vínico	Wine Alcohol
Alcóholico	Alcoholic
Alcoholización	Alcoholization
Alcohómetro	Alcoholmeter
Aldehído	Aldehyde

Español	Inglés
Aliáceo	Garlicy
Almacenamiento	Storage
Amargo	Bitter
Amargo	Bitter
Amargor	Bitterness
Ámbar	Amber
Ambarino	Amberish
Amoscatelado	Muscat Like
Amplio	Full-Bodied
Añada	Vintage (Year)
Añejado	Aged
Añejar	Age
Añejo	Aged
Anhídrido Carbónico	Carbon Dioxide
Animal	Animal
Antocian	Anthocyan
Antocianina	Anthocyanin
Arenar	Polish (Sandblast)
Aristas	Angular
Armonía	Balance

Español	Inglés
Aroma	Aroma
Aroma Terciario	Tertiary Aroma (Bouquet)
Aromas De Reducción	Reductive Aromas
Aromas Minerales	Minerality/Mineral Aromas
Aromático	Aromatic
Arrope	Syrup
Áspero	Harsh
Áspero	Rough
Astringencia	Astringency
Astringente	Astringent
Ataque	Attack
Aterciopelado	Velvety
Austero	Austere
Avainillado	Vanilla
Azúcar Residual	Residual Sugar
Azufrado	Sulphur (To)
Azufre	Sulphur
Balsámico	Balsamic
Barniz	Varnish

Español	Inglés
Barrica	Barrel
Barril	Hogshead
Bastoneo	Rolling
Baya	Berry
Bazuqueo	Rolling
Beta-Glucosidasa	Beta-Glucosidase
Bitartrato De Potasio	Potassium Bitartrate
Bivarietal	Bivarietal
Blanco	White
Blanco De Blancas	Blanc De Blancs
Blando	Bland
Bodega	Winery
Bombeo	Pumping
Bordelesa	Cask
Borra	Dregs/Lies
Bota	Wineskin/Bota Bag
Botella	Bottle-Stink
Botritizado	Botrytized
Bouquet	Bouquet (Tertiary Aroma)

Español	Inglés
Bozal	Muselet/Wire Cage (For Champagne Corks)
Bozal	Wire Cage/Muselet (For Champagne Corks)
Bozalado	Mucilage
Brillante	Brilliant
Brillantez	Brilliance
Brix (Grado)	Brix Degree
Brut	Brut
Cálido	Warm
Cangilón (Cadena De)	Bucket
Canilla	Tap (On A Barrel)
Canuto	Wine Pipe
Caoba	Mahogany
Carácter	Character
Caramelizado	Caramelized
Carmín	Carmine
Carnoso	Meaty
Cáscara De Naranja	Orange Peel
Casis	Cassis

Español	Inglés
Casse Maloláctica	Malolactic Casse
Cata	Tasting (To Be)
Catador	Taster
Catar	Taste (To)
Cava	Cellar
Cedro	Cedar
Centrifugar	Centrifuge
Cepa	Variety Of Vine/Cultivar
Cepa	Cultivar/Variety Of Vine
Cereza	Cherry (Sweet)
Cerrado	Closed
Cesta	Decanting Basket/ Cradle
Cesta	Decanting Cradle/ Basket
Chaptalización	Chaptalization
Chips	Oak Chips
Ciruela	Plum
Cítrico	Citrus
Clara De Huevo	Egg Whites
Clarete	Claret

Español	Inglés
Claridad	Clarity
Clarificación	Fining
Clarificar	Fine (To Clarify)
Clavo De Olor	Clove
Colorímetro	Colorimeter
Compacto	Compact
Complejo	Complex
Corcho	Cork
Corona	Cordon
Corpulento	Robust
Corte	Blend
Cosecha	Harvest (To)
Cosecha Tardía	Late Harvest
Costra	Crust/Sediment
Costra	Sediment/Crust
Cremor Tártaro	Cream Of Tartar
Crianza	Aging
Crianza Oxidativa	Oxidative Aging
Criar	Age (To)
Cuba	Cask

Español	Inglés
Cuba De Fermentación	Fermentation Trap
Cuello	Neck
Cuero	Leather
Cuerpo	Fleshy
Cultivador	Grower
Damajuana	Demijohn
Dátiles	Dates (Fruit)
Decantación	Settling (Sediment)
Decantado	Decanting
Decantar	Decant
Decanter	Decanter
Defectuoso	Defective
Degollar	Disgorge
Degüello	Disgorgement
Degustación	Tasting (Event)
Degustar	Taste
Dejo	Aftertaste
Delgado	Thin (Lacking Acid)
Delicado	Delicate
Demi-Sec	Demisec

Español	Inglés
Denominación De Origen Controlada (D.O.C)	Appellation System (Ava)
Denso	Full
Depósito	Deposit
Desarrollado	Developed
Desborrar	Clarify
Desborre	Clarifying
Descobajado	Destemming
Descobajadora	Destemmer
Descubado	Decasked
Descube	Decasking
Desequilibrado	Unbalanced
Despalillado	Destemming
Despalillador	Destemmer
Despalillar	Destem
Destello	Highlights
Desvanecido	Decrepit
Distinguido	Distinguished
Distintivo	Distinctive
Dorado	Golden

Español	Inglés
Drenado	Drainage
Duela	Stave
Dulce	Sweet
Dulce Natural	Naturally Sweet
Dulzor	Sweetness
Duro	Hard
Efervescencia	Effervescence
Efervescente	Effervescent
Elegante	Elegant
Embotellado	Bottled/Bottling
Embotelladora	Bottling Machine
Embotellar	Bottle
Empalagoso	Cloying
Encabezado	Fortified
Encubar	Cask
Eneldo	Dill
Enfriado	Cooled
Enfriar	Cool
Enófilo	Enophile
Enología	Winemaking/Enology

Español	Inglés
Enología	Enology/Winemaking
Enólogo	Winemaker/Enologist
Enólogo	Enologist/Winemaker
Entrada	Attack
Envejecimiento	Aging
Envinado	Fortified
Enzima	Enzyme
Equilibrado	Balanced
Equilibrio	Balance
Escala	Scales
Escobajo	Stalk
Escurridor	Drainers
Escurrir	Drain
Especiado	Spicy
Espiche	Tap (To Tap Barrel)
Espuma	Foam
Espumoso	Sparkling
Estabilización	Stabilisation
Estabilizar	Stabilise
Estable	Stable

Español	Inglés
Estacionar	Settle
Éster	Ester
Estiba	Storage
Estibar	Store
Estirado	Meager (Lacking Flavor)
Estructura	Structure
Estrujado	Pressings
Estrujadora	Crusher
Etanol	Ethanol
Etéreo	Ethereal
Etiqueta	Label
Evolucionado	Developed
Expendedor	Distributor
Expresión Aromática	Aromatic Expression
Extracto	Extract
Fabricar Toneles	Cooper
Fenol	Phenol
Fenólico	Phenolic
Fermentación	Fermentation

Español	Inglés
Fermentación Alcohólica	Alcoholic Fermentation
Fermentación Detenida	Stuck Fermentation
Fermentación Lenta	Sluggish Fermentation
Fermentación Maloláctica	Malolactic Fermentation
Fermentación Principal	Main Fermentation
Fermentación Secundaria	Secondary Fermentation
Fermentación Tumultuosa	Vigorous Fermentation
Fermentar	Ferment
Filtración	Filtering
Filtrado	Filtering
Filtrar	Filter
Final De Boca	Aftertaste
Finca	Estate
Fino	Fine
Firme	Firm
Flauta	Flute
Flexible	Flexible

Español	Inglés
Flojo	Flat
Floral	Floral
Flotar	Float
Fortificado	Fortified
Fragante	Perfumed
Frambuesa	Raspberry
Franco	Sound (Not Bad)
Frappé	Chilled
Fresco	Fresh
Frutado	Fruity
Frutal	Fruity
Frutas Tropicales	Tropical Fruits
Frutilla/Fresa	Strawberry
Frutos Rojos	Red Fruit
Frutos Secos	Dried Fruits
Fuerte	Strong
Fugaz	Fleeting
Fugaz Paso Por Madera	Short Time In Barrel
Gama	Premium Wine
Garrafa	Carafe

Español	Inglés
Gas Carbónico	Carbonic Gas
Gasificado	Carbonated
Genérico	Generic
Generoso	Generous
Geranio	Geranium
Glicerina	Glycerin
Glicerol	Glycerol
Glicosidasa	Glycosidade
Glucano	Glucan
Gollete	Neck
Goma Arábiga	Gum Arabic
Gomoso	Rubbery
Grado De Balling	Balling Degree
Granate	Garnet-Red
Grano	Berry
Graso	Fat
Grava	Flint
Grosella Negra	Black Currant
Guinda	Cherry (Sour)
Gustativo	Tasting Phase

Español	Inglés
Gusto A Corcho	Cork Taint (Tca)
Herbáceo	Grassy/Herbacious
Herbáceo	Herbacious/Grassy
Hollejo	Skin
Hollejo Maduro	Ripe Skin
Hueco	Hollow
Huevos Podridos	Rotten Egg
Impetuoso	Heady
Incienso	Incense
Incisivo	Incisive
Insípido	Insipid
Intensidad	Intensity
Intenso	Intense
Jazmín	Jasmin
Jengibre	Ginger
Joven	Young
Jugo	Juice
Juventud	Youth
Lagar	Wine Press
Lágrima	Legs/Tears

Español	Inglés
Lana Mojada	Wet Wool
Lanolina	Lanolin
Largo	Long
Levadura	Yeast
Lías	Lees
Licor	Liquor
Licor De Expedición	Dosage
Licor De Tiraje	Liqueur De Tirage (From French)
Licoroso	Syrupy
Ligero	Light
Limpidez	Limpidity
Limpio	Clear
Listo	Done
Maceración	Maceration
Maceración Carbónica	Carbonic Maceration
Maceración En Frío	Cold Maceration
Maceración Inducida En Botella	Bottle-Induced Maceration
Maderizado	Maderized
Madre	Lee

Español	Inglés
Maduración	Maturation
Madurar	Mature
Maduro	Mature
Málico	Malic
Manchado	Stained
Manguera	Hose
Mantequilla	Butter
Mantequilloso	Buttery
Manzanas Verdes	Green Apples
Máquinas De Sacudimiento Horizonta	Horizontal Shakers
Maridaje	Pairing
Maridar	Pair
Materia Colorante	Colouring Material
Matices	Hues
Matices	Nuances
Menisco	Meniscus
Mentol	Menthol
Mentolado	Mentholated
Método Champenoise	Champagne Method

Español	Inglés
Método Charmat	Charmat Method
Método Tradicional	Traditional Method
Mezcla	Blend
Mineral	Mineral
Mistela	Mistelle
Moledora	Crusher/Grinder
Moledora	Grinder/Crusher
Moler	Crush/Grind
Moler	Grind/Crush
Molienda	Crushing/Grinding
Molienda	Grinding/Crushing
Mordiente	Caustic (Overly Sharp)
Moscatel	Muscat
Mosto	Must
Mosto Concentrado	Concentrated Must
Mosto Flor	Free-Run Juice
Nariz	Nose
Nariz Oxidada	Maderized (Oxidized Aroma)
Nariz Oxidada	Oxidized Nose/ Maderized

Español	Inglés
Neutro	Neutral
Nota	Hint
Notas De Evolución	Development Notes
Notas De Madera	Oak Hints
Notas Minerales	Mineraly
Nube	White Casse
Nuevo	New
Nuez	Walnut
Nuez Moscada	Nutmeg
Oleoso	Oily
Olfativo (Fase)	Smelling Phase
Opaco	Opaque
Opalescente	Opalescent
Organoléptico	Organoleptic
Orujo	Pomace
Oxidación	Oxidation
Oxidado	Oxidized
Pajizo	Straw (Color)
Paladar	Palate
Paladar Medio	Middle Palate

Español	Inglés
Pálido	Pale
Partículas Sólidas En Suspensión	Suspended Solids
Pasificación	Raising
Pastelería	Bakery
Pasteurización	Pasteurization
Pasteurizar	Pasteurize
Pastoso	Paste Like
Pedernal	Flinty
Penetrante	Overwhelming/ Penetrating (Aroma Or Taste)
Penetrante	Penetrating/ Overwhelming (Aroma Or Taste)
Pepita	Grape Seed
Persistencia	Persistence
Pesado	Heavy
Picante	Spicy Hot
Pileta	Tank
Pimiento Morrón	Bell Pepper
Pisada	Tread (To Press By Foot)

Español	Inglés
Pobre	Impoverished
Podredumbre Noble	Botrytis Cinerea (Noble Rot)
Podredumbre Noble	Noble Rot (Botrytis Cinerea)
Polifenol	Polyphenol
Pomelo	Grapefruit
Potencialidad	Potentiality
Precipitación	Precipitation
Precipitar	Precipitate
Premio	Premium
Prensa	Wine Press
Prensado	Pressing
Prensar	Press (To)
Productividad	Productivity
Productivo	Productive
Productor	Producer
Prolongado	Lingering
Pruina	Bloom
Pulpa	Pulp
Puntas	Hot (Alcohol)

Español	Inglés
Punzante	Prickly (Nose)
Pupitre	Shaking Table
Pureza	Purity
Púrpura	Purple
Quebrado	Broken
Quebradura Férrica	Blue/Iron Casse
Quebradura Férrica	Iron/Blue Casse
Quemado	Burnt
Quiebra	Casse
Racimo	Cluster
Raspón	Stalk
Recordar	Recall
Redondez	Roundness
Redondo	Round
Reducción	Reduction
Refractometría	Refractometry
Refractómetro	Refractometer
Refrescar	Refresh
Remontaje	Riddling
Remontar	Pump Over

Español	Inglés
Removido	Stirring Up
Rendimiento	Yield
Reposar	Rest
Reposo	Rest
Resabio	Aftertaste
Reserva	Reserve
Resina	Resin
Respiración	Breathing
Retrogusto	Aftertaste
Ribete	Edge (On The)
Roble	Oak
Robusto	Robust
Rodillo	Roller
Rojizo	Singed
Rojo	Red
Rojo Amarillento	Yellowish Red/Bricky
Rojo Amarillento	Bricky/Yellowish Red
Rojo Cereza	Cherry Red (Color)
Rojo Fuego	Fire Engine Red
Romper El Sombrero	Break The Cap/Punch Down

Español	Inglés
Romper El Sombrero	Punch Down/Break The Cap
Rosado	Rosé
Rubí	Ruby
Sabor	Flavor
Sabroso	Flavorful
Satinado	Shiny
Seco	Dry
Sedimentación	Precipitation/ Sedimentation
Sedimentación	Sedimentation/ Precipitation
Sedimentar	Precipitant/Sediment
Sedimentar	Sediment/Precipitant
Sedimento	Sediment
Sedoso	Silky
Semilla	Seed
Serio	Serious
Sombrero	Cap
Sommelier	Wine Steward
Suave	Soft

Español	Inglés
Suavidad	Softness
Sulfato	Sulfate
Sulfitado	Sulfited
Sulfuroso	Sulfurous
Suntuoso	Sumptuous
Sustancioso	Substantial
Sutil	Subtle
Tabaco	Tobacco
Tacto En Boca	Mouthfeel
Tampone	Stopper
Tánico	Tannic
Tanino	Tannin
Tanque	Tank
Tardío	Late
Tartrato	Tartrate
Temperatura Ambiente	Room Temperature
Tenacidad	Tenacity
Terpénico	Terpenic
Terpeno	Terpene
Terroso	Earthy

Español	Inglés
Terruño	Terroir
Textura	Texture
Tierno	Tenderness
Tinta China	Inky
Tinte	Hue
Tinto	Red (For Wine)
Tolva De Descarga	Hopper
Tonalidad	Hue
Tonel	Cask
Tonelería	Cooperage
Tonelero	Cooper
Tono	Hue
Toque	Feel
Tostado	Toasted
Trasegar	Rack
Trasiego	Racking
Trituradora	Shredder
Trufa	Truffle
Turbidez	Turbidity
Turbio	Turbid

Español	Inglés
Untuoso	Unctuous (Overly Sweet)
Uva	Grape
Uva De Mesa	Table Grape
Vainilla	Vanilla
Variedad	Variety Of Grape/ Cultivar
Variedad	Cultivar/Variety Of Grape
Varietale	Varietal
Varilla	Stave/Slat
Vasija	Vat
Vendimia	Harvest (The)
Venencia/Venecia	Wine Tube/Thief
Verde	Green
Verdor	Greenness/ Herbaceous
Verdor	Herbaceous/ Greenness
Vid	Grapevine
Vigoroso	Vigorous
Viñedo	Vineyard

Español	Inglés
Vinificación	Vinification/Wine-Making
Vino	Wine
Vino A Granel	Bulk Wine
Vino Alcoholizado	Fortified Wine
Vino Base	Base Wine
Vino De Aguja	Slightly Sparkling Wine
Vino De Gota	First Press Wine
Vino De Guarda	Aged Wine
Vino De Jarra	Wine In Carafe
Vino De Licor	Fortified Wine
Vino De Mesa	Table Wine
Vino De Prensa	Press Wine
Vino Del Año	New (Nouveau) Wine
Vino Dulce	Dessert/Sweet Wine
Vino Dulce	Sweet/Dessert Wine
Vino Emblemático	Icon Wine
Vino Espumoso	Sparkling Wine
Vino Fortificado	Fortified Wine
Vino Generoso	Big/Generous Wine
Vino Generoso	Generous/Big Wine

Español	Inglés
Vino Ordinario	Ordinary Wine
Vino Passito	Raisin Wine
Vino Passito	Straw Wine
Vino Quieto	Still Wine
Vino Varietal	Varietal Wine
Vino Verde	Green Wine
Vinosidad	Vinous
Violáceo	Violet (Color)
Viscosidad	Viscosity
Viscoso	Viscous
Visos	Highlights
Visual	Visual Phase
Viticultura	Viticulture
Vitivinicultura	Winemaking And Grape Growing
Vivaz	Crisp
Voluptuoso	Voluptuous
Zymurgy	Zymurgy

Inglés - Español

Inglés	Español
Acescence	Acescencia
Acetaldehyde	Acetaldehído
Acetic	Acético
Acetone	Acetona
Acid	Ácido
Acidic	Ácido
Acidity	Acidez
Acquired Alcohol	Alcohol Adquirido
Acrid	Acre
Aerobic	Aerobio
Aftertaste	Dejo
Aftertaste	Resabio
Aftertaste	Retrogusto
Aftertaste	Final De Boca
Age	Añejar
Age (To)	Criar
Aged	Añejado
Aged	Añejo
Aged Wine	Vino De Guarda

Inglés	Español
Aging	Crianza
Aging	Envejecimiento
Agressive	Agresivo
Albumin/Egg White	Albúmina
Alcohol	Alcohol
Alcoholic	Alcóholico
Alcoholic Fermentation	Fermentación Alcohólica
Alcoholization	Alcoholización
Alcoholmeter	Alcohómetro
Aldehyde	Aldehído
Amber	Ámbar
Amberish	Ambarino
Angular	Aristas
Animal	Animal
Anthocyan	Antocian
Anthocyanin	Antocianina
Appellation System (Ava)	Denominación De Origen Controlada (D.O.C)

Inglés	Español
Aroma	Aroma
Aromatic	Aromático
Aromatic Expression	Expresión Aromática
Astringency	Astringencia
Astringent	Astringente
Attack	Ataque
Attack	Entrada
Austere	Austero
Bakery	Pastelería
Balance	Armonía
Balance	Equilibrio
Balanced	Equilibrado
Balling Degree	Grado De Balling
Balsamic	Balsámico
Barrel	Barrica
Base Wine	Vino Base
Bell Pepper	Pimiento Morrón
Berry	Baya
Berry	Grano

Inglés	Español
Beta-Glucosidase	Beta-Glucosidasa
Big/Generous Wine	Vino Generoso
Bitter	Amargo
Bitter	Amargo
Bitterness	Amargor
Bivarietal	Bivarietal
Black Currant	Grosella Negra
Blanc De Blancs	Blanco De Blancas
Bland	Blando
Blend	Corte
Blend	Mezcla
Bloom	Pruina
Blue/Iron Casse	Quebradura Férrica
Botrytis Cinerea (Noble Rot)	Podredumbre Noble
Botrytized	Botritizado
Bottle	Embotellar
Bottle-Induced Maceration	Maceración Inducida En Botella
Bottle-Stink	Botella

Inglés	Español
Bottled/Bottling	Embotellado
Bottling Machine	Embotelladora
Bouquet (Tertiary Aroma)	Bouquet
Break The Cap/Punch Down	Romper El Sombrero
Breathing	Respiración
Bricky/Yellowish Red	Rojo Amarillento
Brilliance	Brillantez
Brilliant	Brillante
Brix Degree	Brix (Grado)
Broken	Quebrado
Brut	Brut
Bucket	Cangilón (Cadena De)
Bulk Wine	Vino A Granel
Burnt	Quemado
Butter	Mantequilla
Buttery	Mantequilloso
Cap	Sombrero
Carafe	Garrafa

Inglés	Español
Caramelized	Caramelizado
Carbon Dioxide	Anhídrido Carbónico
Carbonated	Gasificado
Carbonic Gas	Gas Carbónico
Carbonic Maceration	Maceración Carbónica
Carmine	Carmín
Cask	Bordelesa
Cask	Cuba
Cask	Encubar
Cask	Tonel
Casse	Quiebra
Cassis	Casis
Caustic (Overly Sharp)	Mordiente
Cedar	Cedro
Cellar	Cava
Centrifuge	Centrifugar
Champagne Method	Método Champenoise
Chaptalization	Chaptalización
Character	Carácter

Inglés	Español
Charmat Method	Método Charmat
Cherry (Sour)	Guinda
Cherry (Sweet)	Cereza
Cherry Red (Color)	Rojo Cereza
Chilled	Frappé
Citrus	Cítrico
Claret	Clarete
Clarify	Desborrar
Clarifying	Desborre
Clarity	Claridad
Clear	Limpio
Closed	Cerrado
Clove	Clavo De Olor
Cloying	Empalagoso
Cluster	Racimo
Cold Maceration	Maceración En Frío
Colorimeter	Colorímetro
Colouring Material	Materia Colorante
Compact	Compacto

Inglés	Español
Complex	Complejo
Concentrated Must	Mosto Concentrado
Cool	Enfriar
Cooled	Enfriado
Cooper	Fabricar Toneles
Cooper	Tonelero
Cooperage	Tonelería
Cordon	Corona
Cork	Corcho
Cork Taint (Tca)	Gusto A Corcho
Cream Of Tartar	Cremor Tártaro
Crisp	Vivaz
Crush/Grind	Moler
Crusher	Estrujadora
Crusher/Grinder	Moledora
Crushing/Grinding	Molienda
Crust/Sediment	Costra
Cultivar/Variety Of Grape	Variedad

Inglés	Español
Cultivar/Variety Of Vine	Cepa
Dates (Fruit)	Dátiles
Decant	Decantar
Decanter	Decanter
Decanting	Decantado
Decanting Basket/Cradle	Cesta
Decanting Cradle/Basket	Cesta
Decasked	Descubado
Decasking	Descube
Decrepit	Desvanecido
Defective	Defectuoso
Delicate	Delicado
Demijohn	Damajuana
Demisec	Demi-Sec
Deposit	Depósito
Dessert/Sweet Wine	Vino Dulce
Destem	Despalillar
Destemmer	Descobajadora

Inglés	Español
Destemmer	Despalillador
Destemming	Descobajado
Destemming	Despalillado
Developed	Desarrollado
Developed	Evolucionado
Development Notes	Notas De Evolución
Dill	Eneldo
Disgorge	Degollar
Disgorgement	Degüello
Distinctive	Distintivo
Distinguished	Distinguido
Distributor	Expendedor
Done	Listo
Dosage	Licor De Expedición
Drain	Escurrir
Drainage	Drenado
Drainers	Escurridor
Dregs/Lies	Borra
Dried Fruits	Frutos Secos

Inglés	Español
Dry	Seco
Earthy	Terroso
Edge (On The)	Ribete
Effervescence	Efervescencia
Effervescent	Efervescente
Egg White/Albumin	Albúmina
Egg Whites	Clara De Huevo
Elegant	Elegante
Enologist/Winemaker	Enólogo
Enology/Winemaking	Enología
Enophile	Enófilo
Enzyme	Enzima
Estate	Finca
Ester	Éster
Ethanol	Etanol
Ethereal	Etéreo
Ethyl Acetate	Acetato Etílico
Extract	Extracto
Fat	Graso

Inglés	Español
Feel	Toque
Ferment	Fermentar
Fermentation	Fermentación
Fermentation Trap	Cuba De Fermentación
Filter	Filtrar
Filtering	Filtración
Filtering	Filtrado
Fine	Fino
Fine (To Clarify)	Clarificar
Fining	Clarificación
Finish	Acabado
Finish (To)	Acabar
Fire Engine Red	Rojo Fuego
Firm	Firme
First Press Wine	Vino De Gota
Flat	Flojo
Flavor	Sabor
Flavorful	Sabroso
Fleeting	Fugaz

Inglés	Español
Fleshy	Cuerpo
Flexible	Flexible
Flint	Grava
Flinty	Pedernal
Float	Flotar
Floral	Floral
Flute	Flauta
Foam	Espuma
Fortified	Encabezado
Fortified	Envinado
Fortified	Fortificado
Fortified Wine	Vino Alcoholizado
Fortified Wine	Vino De Licor
Fortified Wine	Vino Fortificado
Free-Run Juice	Mosto Flor
Fresh	Fresco
Fruity	Frutado
Fruity	Frutal
Full	Denso

Inglés	Español
Full-Bodied	Amplio
Garlicy	Aliáceo
Garnet-Red	Granate
Generic	Genérico
Generous	Generoso
Generous/Big Wine	Vino Generoso
Geranium	Geranio
Ginger	Jengibre
Glucan	Glucano
Glycerin	Glicerina
Glycerol	Glicerol
Glycosidade	Glicosidasa
Golden	Dorado
Grape	Uva
Grape Seed	Pepita
Grapefruit	Pomelo
Grapevine	Vid
Grassy/Herbacious	Herbáceo
Green	Verde

Inglés	Español
Green Apples	Manzanas Verdes
Green Wine	Vino Verde
Greenness/ Herbaceous	Verdor
Grind/Crush	Moler
Grinder/Crusher	Moledora
Grinding/Crushing	Molienda
Grower	Cultivador
Gum Arabic	Goma Arábiga
Hard	Duro
Harsh	Áspero
Harvest (The)	Vendimia
Harvest (To)	Cosecha
Heady	Impetuoso
Heavy	Pesado
Herbaceous/ Greenness	Verdor
Herbacious/Grassy	Herbáceo
Highlights	Destello
Highlights	Visos

Inglés	Español
Hint	Nota
Hogshead	Barril
Hollow	Hueco
Hopper	Tolva De Descarga
Horizontal Shakers	Máquinas De Sacudimiento Horizonta
Hose	Manguera
Hot (Alcohol)	Puntas
Hue	Tinte
Hue	Tonalidad
Hue	Tono
Hues	Matices
Icon Wine	Vino Emblemático
Impoverished	Pobre
Incense	Incienso
Incisive	Incisivo
Inky	Tinta China
Insipid	Insípido

Inglés	Español
Intense	Intenso
Intensity	Intensidad
Iron/Blue Casse	Quebradura Férrica
Jasmin	Jazmín
Juice	Jugo
Label	Etiqueta
Lactic Acid	Ácido Láctico
Lanolin	Lanolina
Late	Tardío
Late Harvest	Cosecha Tardía
Leather	Cuero
Lee	Madre
Lees	Lías
Legs/Tears	Lágrima
Light	Ligero
Limpidity	Limpidez
Lingering	Prolongado
Liqueur De Tirage (From French)	Licor De Tiraje

Inglés	Español
Liquor	Licor
Long	Largo
Maceration	Maceración
Maderized	Maderizado
Maderized (Oxidized Aroma)	Nariz Oxidada
Mahogany	Caoba
Main Fermentation	Fermentación Principal
Malic	Málico
Malic Acid	Ácido Málico
Malolactic Casse	Casse Maloláctica
Malolactic Fermentation	Fermentación Maloláctica
Maturation	Maduración
Mature	Madurar
Mature	Maduro
Meager (Lacking Flavor)	Estirado
Meaty	Carnoso
Meniscus	Menisco

Inglés	Español
Menthol	Mentol
Mentholated	Mentolado
Middle Palate	Paladar Medio
Mineral	Mineral
Minerality/Mineral Aromas	Aromas Minerales
Mineraly	Notas Minerales
Mistelle	Mistela
Mouthfeel	Tacto En Boca
Mucilage	Bozalado
Muscat	Moscatel
Muscat Like	Amoscatelado
Muselet/Wire Cage (For Champagne Corks)	Bozal
Must	Mosto
Naturally Sweet	Dulce Natural
Neck	Cuello
Neck	Gollete
Neutral	Neutro

Inglés	Español
New	Nuevo
New (Nouveau) Wine	Vino Del Año
Noble Rot (Botrytis Cinerea)	Podredumbre Noble
Nose	Nariz
Nuances	Matices
Nutmeg	Nuez Moscada
Oak	Roble
Oak Chips	Chips
Oak Hints	Notas De Madera
Oily	Oleoso
Opalescent	Opalescente
Opaque	Opaco
Open	Abierto
Orange Peel	Cáscara De Naranja
Ordinary Wine	Vino Ordinario
Organoleptic	Organoléptico
Overwhelming/ Penetrating (Aroma Or Taste)	Penetrante

Inglés	Español
Oxidation	Oxidación
Oxidative Aging	Crianza Oxidativa
Oxidized	Oxidado
Oxidized Nose/ Maderized	Nariz Oxidada
Pair	Maridar
Pairing	Maridaje
Palate	Paladar
Pale	Pálido
Paste Like	Pastoso
Pasteurization	Pasteurización
Pasteurize	Pasteurizar
Penetrating/ Overwhelming (Aroma Or Taste)	Penetrante
Perfumed	Fragante
Persistence	Persistencia
Phenol	Fenol
Phenolic	Fenólico
Plum	Ciruela

Inglés	Español
Polish (Sandblast)	Arenar
Polyphenol	Polifenol
Pomace	Orujo
Potassium Bitartrate	Bitartrato De Potasio
Potential Alcohol	Alcohol Potencial
Potentiality	Potencialidad
Precipitant/Sediment	Sedimentar
Precipitate	Precipitar
Precipitation	Precipitación
Precipitation/ Sedimentation	Sedimentación
Premium	Premio
Premium Wine	Gama
Press (To)	Prensar
Press Wine	Vino De Prensa
Pressing	Prensado
Pressings	Estrujado
Prickly (Nose)	Punzante
Producer	Productor

Inglés	Español
Productive	Productivo
Productivity	Productividad
Pulp	Pulpa
Pump Over	Remontar
Pumping	Bombeo
Punch Down/Break The Cap	Romper El Sombrero
Purity	Pureza
Purple	Púrpura
Rack	Trasegar
Racking	Trasiego
Raisin Wine	Vino Passito
Raisining	Pasificación
Raspberry	Frambuesa
Recall	Recordar
Rectified Alcohol	Alcohol Rectificado
Red	Rojo
Red (For Wine)	Tinto
Red Fruit	Frutos Rojos

Inglés	Español
Reduction	Reducción
Reductive Aromas	Aromas De Reducción
Refractometer	Refractómetro
Refractometry	Refractometría
Refresh	Refrescar
Reserve	Reserva
Residual Sugar	Azúcar Residual
Resin	Resina
Rest	Reposar
Rest	Reposo
Riddling	Remontaje
Ripe Skin	Hollejo Maduro
Robust	Corpulento
Robust	Robusto
Roller	Rodillo
Rolling	Bastoneo
Rolling	Bazuqueo
Room Temperature	Temperatura Ambiente
Rosé	Rosado

Inglés	Español
Rotten Egg	Huevos Podridos
Rough	Áspero
Round	Redondo
Roundness	Redondez
Rubbery	Gomoso
Ruby	Rubí
Scales	Escala
Secondary Fermentation	Fermentación Secundaria
Sediment	Sedimento
Sediment/Crust	Costra
Sediment/Precipitant	Sedimentar
Sedimentation/ Precipitation	Sedimentación
Seed	Semilla
Serious	Serio
Settle	Estacionar
Settling (Sediment)	Decantación
Shaking Table	Pupitre
Sherrified/Maderized	Ajerezado

Inglés	Español
Sherrified/Maderized	Ajerezado
Shiny	Satinado
Short Time In Barrel	Fugaz Paso Por Madera
Shredder	Trituradora
Silky	Sedoso
Singed	Rojizo
Skin	Hollejo
Slightly Sparkling Wine	Vino De Aguja
Sluggish Fermentation	Fermentación Lenta
Smelling Phase	Olfativo (Fase)
Smoky	Ahumado
Soft	Suave
Softness	Suavidad
Sound (Not Bad)	Franco
Sparkling	Espumoso
Sparkling Wine	Vino Espumoso
Spicy	Especiado
Spicy Hot	Picante

Inglés	Español
Stabilisation	Estabilización
Stabilise	Estabilizar
Stable	Estable
Stained	Manchado
Stalk	Escobajo
Stalk	Raspón
Stave	Duela
Stave/Slat	Varilla
Still Wine	Vino Quieto
Stirring Up	Removido
Stopper	Tampone
Storage	Almacenamiento
Storage	Estiba
Store	Estibar
Straw (Color)	Pajizo
Straw Wine	Vino Passito
Strawberry	Frutilla/Fresa
Strong	Fuerte
Structure	Estructura

Inglés	Español
Stuck Fermentation	Fermentación Detenida
Substantial	Sustancioso
Subtle	Sutil
Succinic Acid	Ácido Sucínico
Sulfate	Sulfato
Sulfited	Sulfitado
Sulfurous	Sulfuroso
Sulphur	Azufre
Sulphur (To)	Azufrado
Sumptuous	Suntuoso
Suspended Solids	Partículas Sólidas En Suspensión
Sweet	Abocado
Sweet	Dulce
Sweet/Dessert Wine	Vino Dulce
Sweetness	Dulzor
Syrup	Arrope
Syrupy	Licoroso
Table Grape	Uva De Mesa

Inglés	Español
Table Wine	Vino De Mesa
Tank	Pileta
Tank	Tanque
Tannic	Tánico
Tannin	Tanino
Tap (On A Barrel)	Canilla
Tap (To Tap Barrel)	Espiche
Tartaric Acid	Ácido Tartárico
Tartrate	Tartrato
Taste	Degustar
Taste (To)	Catar
Taster	Catador
Tasting (Event)	Degustación
Tasting (To Be)	Cata
Tasting Phase	Gustativo
Tenacity	Tenacidad
Tenderness	Tierno
Terpene	Terpeno
Terpenic	Terpénico

Inglés	Español
Terroir	Terruño
Tertiary Aroma (Bouquet)	Aroma Terciario
Texture	Textura
Thin (Lacking Acid)	Delgado
Toasted	Tostado
Tobacco	Tabaco
Total Acidity	Acidez Total
Total Alcohol	Alcohol Total
Traditional Method	Método Tradicional
Transport	Acarreo
Transport (To)	Acarrear
Tread (To Press By Foot)	Pisada
Tropical Fruits	Frutas Tropicales
Truffle	Trufa
Turbid	Turbio
Turbidity	Turbidez
Unbalanced	Desequilibrado

Inglés	Español
Unctuous (Overly Sweet)	Untuoso
Unripe Berry	Agraz
Vanilla	Avainillado
Vanilla	Vainilla
Varietal	Varietale
Varietal Wine	Vino Varietal
Variety Of Grape/Cultivar	Variedad
Variety Of Vine/Cultivar	Cepa
Varnish	Barniz
Vat	Vasija
Velvety	Aterciopelado
Vigorous	Vigoroso
Vigorous Fermentation	Fermentación Tumultuosa
Vineyard	Viñedo
Vinification/Wine-Making	Vinificación
Vinous	Vinosidad
Vintage (Year)	Añada

Inglés	Español
Violet (Color)	Violáceo
Viscosity	Viscosidad
Viscous	Viscoso
Visual Phase	Visual
Viticulture	Viticultura
Volatile Acidity	Acidez Volátil
Voluptuous	Voluptuoso
Walnut	Nuez
Warm	Cálido
Watery	Aguado
Wet Wool	Lana Mojada
White	Blanco
White Casse	Nube
Wine	Vino
Wine Alcohol	Alcohol Vínico
Wine In Carafe	Vino De Jarra
Wine Pipe	Canuto
Wine Press	Lagar
Wine Press	Prensa

Inglés	Español
Wine Steward	Sommelier
Wine Tube/Thief	Venencia/Venecia
Winemaker/Enologist	Enólogo
Winemaking And Grape Growing	Vitivinicultura
Winemaking/Enology	Enología
Winery	Bodega
Wineskin/Bota Bag	Bota
Wire Cage/Muselet (For Champagne Corks)	Bozal
Yeast	Levadura
Yellowish Red/Bricky	Rojo Amarillento
Yield	Rendimiento
Young	Joven
Youth	Juventud
Zymurgy	Zymurgy

Italiano - Español

Italiano	Español
Abbocato	Abocado
Acerbità	Verdor
Acerbità	Verdor
Acescenza	Acescencia
Acetaldeide	Acetaldehído
Acetato Di Etile	Acetato Etílico
Acetone	Acetona
Acidità	Acidez
Acidità Totale	Acidez Total
Acidità Volatile	Acidez Volátil
Acido	Ácido
Acido Lattico	Ácido Láctico
Acido Malico	Ácido Málico
Acido Succinico	Ácido Sucínico
Acido Tartarico	Ácido Tartárico
Acino	Baya
Acre	Acre
Aerobico	Aerobio
Affumicato	Ahumado
Aggiunto Di Moscato	Amoscatelado

Italiano	Español
Aggressivo	Agresivo
Agitazione	Bazuqueo
Albumina	Albúmina
Albumina	Albúmina
Alcol	Alcohol
Alcol Arricchito	Alcohol Adquirido
Alcol Potenziale	Alcohol Potencial
Alcol Rettificato	Alcohol Rectificado
Alcol Totale	Alcohol Total
Alcol Vinico	Alcohol Vínico
Alcolizzato Vino	Vino Alcoholizado
Alcoolato	Alcóholico
Alcoolizzazione	Alcoholización
Aldeide	Aldehído
Allevare	Criar
Allungato	Prolongado
Amarena	Guinda
Amaro	Amargo
Amaro	Amargo
Amaro	Amargor

Italiano	Español
Ambra	Ámbar
Ambrato	Ambarino
Ampio	Amplio
Aneto	Eneldo
Angoli	Aristas
Animale	Animal
Annacquato	Aguado
Annacquato/Aggiunto Di	Estirado
Annata	Añada
Antocianina	Antocianina
Antociano	Antocian
Aperto	Abierto
Appasimento	Pasificación
Armonia	Armonía
Aroma	Aroma
Aroma Terziario	Aroma Terciario
Aromatico	Aromático
Arome Minerali	Aromas Minerales
Arricchito	Encabezado
Aspro	Áspero

Italiano	Español
Aspro	Áspero
Assaggio	Degustación
Assagiare	Degustar
Astringente	Astringente
Astringenza	Astringencia
Attacco	Ataque
Austero	Austero
Avvinato	Envinado
Azienda Agricola	Finca
Bacchetta	Varilla
Balsamico	Balsámico
Banco Mobile	Pupitre
Barile	Barrica
Barile	Barril
Barile/Barrica	Bordelesa
Bastonatura	Bastoneo
Battistrada	Pisada
Ben Freddo	Frappé
Beta-Glucoside	Beta-Glucosidasa
Bianco	Blanco

Italiano	Español
Bianco D'uovo/Chiaro D'uovo	Clara De Huevo
Biossido Di Carbonio	Anhídrido Carbónico
Bitartrato Di Potasio	Bitartrato De Potasio
Bivarietale	Bivarietal
Blanc De Blancs	Blanco De Blancas
Botritizzata	Botritizado
Bottaio	Tonelero
Botte	Cuba
Botte	Tonel
Bottiglia (Puzza Di)	Botella
Brillante	Brillante
Brillantezza	Brillantez
Brix	Brix (Grado)
Bruciato(Sapore/Gusto)	Quemado
Brut	Brut
Buccia	Hollejo
Buccia Di Arancia	Cáscara De Naranja
Buccia Matura	Hollejo Maduro
Buco	Hueco

Italiano	Español
Burro	Mantequilla
Burroso	Mantequilloso
Caloroso	Cálido
Cannuccia	Canuto
Cantina	Cava
Cantina	Bodega
Capello	Sombrero
Caraffa/Bombola	Garrafa
Caramellato	Caramelizado
Carattere	Carácter
Carnoso	Carnoso
Cedro	Cedro
Centrifugare	Centrifugar
Ceppo	Cepa
Ceppo	Espiche
Ceppo	Cepa
Cesta	Cesta
Cesta	Cesta
Chiarezza	Claridad
Chiarifica	Desborre

Italiano	Español
Chiarifica	Clarificación
Chiarificare	Desborrar
Chiarificare	Clarificar
Chiodi Di Garofano	Clavo De Olor
Chips/Segatura	Chips
Chiuso	Cerrado
Ciliegia	Cereza
Citrico	Cítrico
Claretto	Clarete
Collo	Cuello
Colorato/Rosso	Tinto
Colorimetro	Colorímetro
Coltivatore	Cultivador
Compatto	Compacto
Competitivo	Premio
Complesso	Complejo
Complesso/Corposo	Aterciopelado
Con Corpo	Cuerpo
Con Riflessi Giallastri/ Mattonato	Rojo Amarillento

Italiano	Español
Con Riflessi Giallastri/ Mattonato	Rojo Amarillento
Con Riflessi Rossi	Rojizo
Conservazione	Crianza
Conservazione In Fase Ossidante	Crianza Oxidativa
Contenitore Di Fermentazione	Cuba De Fermentación
Corona	Corona
Cremor Tartaro	Cremor Tártaro
Crosta	Costra
Crosta	Costra
Cuoio	Cuero
Damigiana	Damajuana
Datteri	Dátiles
Debole/Molle	Flojo
Decantato	Decantado
Decantatore/Brocca	Decanter
Degustare	Catar
Degustatore	Catador
Degustatore	Venencia/Venecia

Italiano	Español
Degustatore/ Consigliere/Sommelier	Sommelier
Degustazione	Cata
Delicato	Delicado
Demi-Sec	Demi-Sec
Denominazione Di Origine Controllata	Denominación De Origen Controlada (D.O.C)
Denso	Denso
Deposito	Depósito
Difettoso	Defectuoso
Diraspare	Despalillar
Diraspato	Despalillado
Diraspatura	Descobajadora
Diraspatura	Despalillador
Diraspatura	Descobajado
Disrapare/Pigliare	Moler
Disrapare/Pigliare	Moler
Distintivo	Distintivo
Distributore	Expendedor
Doga	Duela

Italiano	Español
Dolce	Dulce
Dolce Naturale	Dulce Natural
Dolcezza	Dulzor
Dorato	Dorado
Drenato	Drenado
Duro	Vino Verde
Duro	Duro
Duro	Agraz
Effervescente	Efervescente
Effervescenza	Efervescencia
Elegante	Elegante
Eme	Semilla
Enofilo	Enófilo
Enologia	Enología
Enologia	Enología
Enologo	Enólogo
Enologo	Enólogo
Enzima	Enzima
Equilibrato	Equilibrado
Equilibrio	Equilibrio

Italiano	Español
Erbaceo	Herbáceo
Erbaceo	Herbáceo
Espressione Aromatica	Expresión Aromática
Estere	Éster
Estratto	Extracto
Etanolo	Etanol
Etereo	Etéreo
Etichetta	Etiqueta
Etilometro	Alcohómetro
Evole	Empalagoso
Evoluto	Evolucionado
Fabbrica Di Botte	Tonelería
Fabbricare Botti	Fabricar Toneles
Fase Olfattiva	Olfativo (Fase)
Fatto	Listo
Feccia/Sedimento	Borra
Fenolico	Fenólico
Fenolo	Fenol
Fermentare	Fermentar
Fermentazione	Fermentación

Italiano	Español
Fermentazione Alcolica	Fermentación Alcohólica
Fermentazione Ferrica	Quebradura Férrica
Fermentazione Ferrica	Quebradura Férrica
Fermentazione Incompleta	Fermentación Detenida
Fermentazione Interrotta/Malolattica	Casse Maloláctica
Fermentazione Lenta	Fermentación Lenta
Fermentazione Malolattica	Fermentación Maloláctica
Fermentazione Principale	Fermentación Principal
Fermentazione Secondaria	Fermentación Secundaria
Fermentazione Tumultuosa	Fermentación Tumultuosa
Filtraggio	Filtración
Filtrare	Filtrar
Filtrato	Filtrado
Finale Di Bocca	Final De Boca
Finito/Pieno	Acabado
Fino	Fino

Italiano	Español
Flessibile	Flexible
Floreale	Floral
Flute	Flauta
Forte	Fuerte
Fragola	Frutilla/Fresa
Fragrante	Fragante
Franco/Genuino	Franco
Fresco	Fresco
Frutato	Frutado
Frutato	Frutal
Frutta Secca	Frutos Secos
Frutti Di Bosco	Frutos Rojos
Frutti Tropicali	Frutas Tropicales
Fugace	Fugaz
Fumature	Visos
Fune	Lías
Gabbietta	Bozal
Gabbietta	Bozal
Galleggiare	Flotar
Gamma	Gama

Italiano	Español
Gas Carbonico	Gas Carbónico
Gassoso	Gasificado
Gelsomino	Jazmín
Generico	Genérico
Generoso	Generoso
Geranio	Geranio
Ghiaia	Grava
Giovane	Joven
Giovinezza	Juventud
Glicerina	Glicerina
Glicerolo	Glicerol
Gluconato	Glucano
Glucosidasi	Glicosidasa
Gomma Arabica	Goma Arábiga
Gommoso	Gomoso
Grado Di Ballo	Grado De Balling
Granata	Granate
Grano	Grano
Grappolo	Racimo
Grasso	Graso

Italiano	Español
Grondatore	Escurridor
Gustativa	Gustativo
Imbottare	Encubar
Imbottigliare	Embotellar
Imbottigliato	Embotellado
Imbottigliatrice	Embotelladora
Immagazzinaggio	Estiba
Immagazzinamento	Almacenamiento
Immagazzinare	Estibar
Impetuoso	Impetuoso
Incenso	Incienso
Inchiostro	Tinte
Inchiostro	Tinta China
Incisivo	Incisivo
Ingabbiettatura	Bozalado
Ingzolforato	Azufrado
Inizio	Entrada
Insieme Di Profumi	Bouquet
Insipido	Insípido
Intensità	Intensidad

Italiano	Español
Intenso	Intenso
Invecchiamento	Envejecimiento
Invecchiare	Añejar
Invecchiare	Estacionar
Invecchiato	Añejado
Invecchiato	Añejo
Lacrime/Archetti	Lágrima
Lampone	Frambuesa
Lana Bagnata	Lana Mojada
Lanolina	Lanolina
Leggero	Ligero
Lieviti	Levadura
Limpidezza	Limpidez
Liqueur De Tirage	Licor De Tiraje
Liquore	Licor
Liquore Di Spedizione	Licor De Expedición
Liquoroso	Licoroso
Lungo	Largo
Macchiato	Manchado

Italiano	Español
Macchina A Scuotimento Orizontale	Máquinas De Sacudimiento Horizonta
Macerazione	Maceración
Macerazione A Freddo	Maceración En Frío
Macerazione Carbonica	Maceración Carbónica
Macerazione Indotta In Bottiglia	Maceración Inducida En Botella
Maderizzato/Marsalato	Maderizado
Madre	Madre
Magro	Delgado
Malico	Málico
Marciume Nobile	Podredumbre Noble
Marciume Nobile	Podredumbre Noble
Marsalato	Ajerezado
Marsalato	Ajerezado
Materia Colorante	Materia Colorante
Matrimonio	Maridaje
Maturare	Madurar
Maturazione	Maduración
Maturo	Maduro

Italiano	Español
Mele Verdi	Manzanas Verdes
Menisco	Menisco
Mentolo	Mentol
Mentolo	Mentolado
Mescolare	Maridar
Metodo Classico	Método Champenoise
Metodo In Autoclave	Método Charmat
Metodo Tradizionale	Método Tradicional
Mezzo Palato	Paladar Medio
Minerale	Mineral
Mistella	Mistela
Mogano	Caoba
Molle	Blando
Morbidezza	Suavidad
Mordente	Mordiente
Moscato	Moscatel
Mosto	Mosto
Mosto Concentrato	Mosto Concentrado
Mosto Fiore	Mosto Flor
Nec	Gollete

Italiano	Español
Neutro	Neutro
Nobile/Austero	Distinguido
Noce	Nuez
Noce Moscata	Nuez Moscada
Nota	Ribete
Nota	Nota
Nuovo	Nuevo
Nuvola	Nube
Oddore Di Aglio	Aliáceo
Oleoso	Oleoso
Opaco	Opaco
Opalescente	Opalescente
Organolettico	Organoléptico
Ossidato	Oxidado
Ossidazione	Oxidación
Otre	Bota
Paglierino	Pajizo
Palato	Paladar
Pallido	Pálido
Particelle Solide In Sospensione	Partículas Sólidas En Suspensión

Italiano	Español
Passagio Veloce Per Il Legno	Fugaz Paso Por Madera
Pasticceria	Pastelería
Pastorizzare	Pasteurizar
Pastorizzazione	Pasteurización
Pastoso	Pastoso
Penetrante	Penetrante
Penetrante	Penetrante
Peperone Dolce	Pimiento Morrón
Persistenza/Tenacita	Persistencia
Pesante	Pesado
Pezzo Di Terra	Terruño
Piccante	Picante
Pietra Fuocaia/Selce	Pedernal
Pigiatrice	Estrujadora
Pigliatrice	Moledora
Pigliatrice	Moledora
Pigliatura	Molienda
Pigliatura	Molienda
Polifenolo	Polifenol
Polpa	Pulpa

Italiano	Español
Pompaggio	Bombeo
Pompelmo	Pomelo
Porpora	Púrpura
Potenzialità	Potencialidad
Povero	Pobre
Precipitare	Sedimentar
Precipitare	Precipitar
Precipitare	Sedimentar
Precipitato	Sedimento
Precipitazione	Precipitación
Premitura	Estrujado
Pressa	Prensa
Pressare	Prensar
Pressatura	Prensado
Prima Sensazione Di Fumo Di Alcool	Puntas
Produttività	Productividad
Produttivo	Productivo
Produttore	Productor
Profumo/Odore/Sapore	Nariz
Pruina	Pruina

Italiano	Español
Pruna/Susina	Ciruela
Pulito	Limpio
Pungente	Acético
Pungente	Punzante
Purezza	Pureza
Raccolto	Cosecha
Raffreddare	Enfriar
Raffreddato	Enfriado
Raspo	Escobajo
Recipiente	Vasija
Resa	Rendimiento
Resina	Resina
Respirazione	Respiración
Retrogusto	Dejo
Retrogusto	Resabio
Retrogusto	Retrogusto
Ribes Nero	Grosella Negra
Ribes Nero	Casis
Ricordare	Recordar
Riduzione	Reducción

Italiano	Español
Rifractometria	Refractometría
Rifrattometro	Refractómetro
Rimontaggio	Remontaje
Rimontare	Remontar
Rimosso	Removido
Rimuovere Dalla Botte	Descubado
Rinforzato	Fortificado
Rinfrescare	Refrescar
Riposare	Reposar
Riposo	Reposo
Riserva	Reserva
Robusto	Corpulento
Robusto	Robusto
Rompere Il Cappello Di Fermentazione	Romper El Sombrero
Rompere Il Cappello Di Fermentazione	Romper El Sombrero
Rosato	Rosado
Rosso	Rojo
Rosso Carmine	Carmín
Rosso Ciliegia	Rojo Cereza

Italiano	Español
Rosso Fuoco	Rojo Fuego
Rotondità	Redondez
Rotondo	Redondo
Rotto	Quebrado
Rottura	Quiebra
Rovere/Quercia (Sapore)	Roble
Rubinetto	Canilla
Rubino	Rubí
Rullo	Rodillo
Ruvideza	Raspón
Sabbiare	Arenar
Sapore	Sabor
Sapore D'uovo Marchio	Huevos Podridos
Sapore Di Ossidato	Nariz Oxidada
Sapore Di Ossidato	Nariz Oxidada
Sapore Di Ridotto	Aromas De Reducción
Sapore Di Sughero	Gusto A Corcho
Sapore Di Vaniglia	Avainillado
Saporoso	Sabroso

Italiano	Español
Satinato	Satinado
Sboccatura	Degüello
Scala	Escala
Sciroppo	Arrope
Secchio	Cangilón (Cadena De)
Secco	Seco
Sedimentazione/ Precipitazione	Sedimentación
Sedimentazione/ Precipitazione	Sedimentación
Sensazione Organolettica	Tacto En Boca
Separare	Decantar
Separazione	Decantación
Serbatoio	Tanque
Serio	Serio
Setoso	Sedoso
Sfumature	Matices
Sfumature	Matices
Sgozzare/Aprire	Degollar
Sgrondare	Escurrir

Italiano	Español
Solfato	Sulfato
Solfitato	Sulfitado
Solforoso	Sulfuroso
Solidità	Textura
Solido	Firme
Sontuoso	Suntuoso
Sostanzioso	Sustancioso
Sottile	Sutil
Speziato	Especiado
Spuma	Espuma
Spumante	Espumoso
Squilibrato	Desequilibrado
Stabile	Estable
Stabilizzare	Estabilizar
Stabilizzazione	Estabilización
Stati Di Evoluzione	Notas De Evolución
Struttura	Estructura
Suave/Morbido	Suave
Succo	Jugo
Svanito	Desvanecido

Italiano	Español
Sviluppato/Non Sviluppato	Desarrollado
Svinatura	Descube
Tabacco	Tabaco
Taglio	Corte
Taglio	Mezcla
Tampón	Tampone
Tannicco	Tánico
Tannino	Tanino
Tappo	Corcho
Tardivo	Tardío
Tartrato	Tartrato
Tartufo	Trufa
Temperatura Ambiente	Temperatura Ambiente
Tenacia	Tenacidad
Tenero	Tierno
Terminare	Acabar
Terpenico	Terpénico
Terpeno	Terpeno
Terroso	Terroso
Tocchi Di Legno	Notas De Madera

Italiano	Español
Tocchi Minerali	Notas Minerales
Tocco	Toque
Tonalità	Tonalidad
Tono	Tono
Torbidezza	Turbidez
Torbido	Turbio
Tostato	Tostado
Tramoggia	Lagar
Tramoggia Di Scarico	Tolva De Descarga
Trasportare	Acarrear
Trasporto	Acarreo
Travasare	Trasegar
Travaso	Trasiego
Trituratrice	Trituradora
Tubo Flessibile	Manguera
Ulousacido	Ácido
Untuoso	Untuoso
Uva	Uva
Uva Da Tavola	Uva De Mesa
Vaniglia	Vainilla

Italiano	Español
Varietà	Variedad
Varietà	Variedad
Varietal	Varietale
Vasca	Pileta
Vendemmia	Vendimia
Vendemmia Tardiva	Cosecha Tardía
Verde	Verde
Vernice	Barniz
Vigneto	Viñedo
Vigoroso	Vigoroso
Vinaccia	Orujo
Vinacciolo	Pepita
Vinificazione	Vinificación
Vino	Vino
Vino Base	Vino Base
Vino Da Tavola	Vino De Mesa
Vino Dell'annata	Vino Del Año
Vino Destinato Al Invecchiamento	Vino De Guarda
Vino Di Aggiunto	Vino Fortificado
Vino Di Laccrima	Vino De Gota

Italiano	Español
Vino Di Pressa/Torchio	Vino De Prensa
Vino Dolce	Vino Dulce
Vino Dolce	Vino Dulce
Vino Emblematico	Vino Emblemático
Vino Fermo	Vino Quieto
Vino Frizzante	Vino De Aguja
Vino Generoso	Vino Generoso
Vino Generoso	Vino Generoso
Vino Liquoroso	Vino De Licor
Vino Passito	Vino Passito
Vino Passito	Vino Passito
Vino Senza Qualità	Vino Ordinario
Vino Sfuso	Vino A Granel
Vino Sfuso/In Caraffa	Vino De Jarra
Vino Spumante	Vino Espumoso
Vino Varietale	Vino Varietal
Vinosità	Vinosidad
Violaceo	Violáceo
Viscosita	Viscosidad
Viscoso	Viscoso

Italiano	Español
Visiva	Visual
Vite	Vid
Viticoltura	Viticultura
Viticoltura	Vitivinicultura
Vivace	Vivaz
Vivacità/Brillantezza	Destello
Voluttuoso	Voluptuoso
Zenzero	Jengibre
Zimurgia	Zymurgy
Zolfo	Azufre
Zuccheraggio	Chaptalización
Zucchero Residuo	Azúcar Residual

Alemán - Español

ALE - ESP

Alemán	Español
Abbeeren	Despalillado
Abbeeren/Entrappen	Despalillar
Abbeermaschine	Descobajadora
Abfüllen	Embotellar
Abfüllmaschine	Embotelladora
Abgelagert	Añejado
Abgelagert	Añejo
Abkühlen	Enfriar
Ablagern	Añejar
Ablagern	Reposar
Abpumpen	Bombeo
Abstechen	Descube
Abstechen/Entleeren	Trasegar
Abstichmethode	Método Charmat
Abtropfbrett	Escurridor
Acetaldehyd	Acetaldehído
Adstringierend	Astringente
Adstringierender Effekt	Astringencia

Alemán	Español
Aerob	Aerobio
Aldehyd	Aldehído
Alkohol	Alcohol
Alkoholisch	Alcóholico
Alkoholische Gärung	Fermentación Alcohólica
Alkoholometer	Alcohómetro
Alkoholreich	Licoroso
Alkoholzusatz	Alcoholización
Alkolholzusatz	Encabezado
Alter Von Wein	Vino De Guarda
Alterung	Envejecimiento
Alterungsprozess Oxidation	Crianza Oxidativa
Amber	Ámbar
Anämisch	Abierto
Anstich	Espiche
Anthocyane	Antocianina
Apfel-Milchsäure-Gärung	Fermentación Maloláctica

Alemán	Español
Apfelaroma	Manzanas Verdes
Apfelgeschmack	Málico
Apfelsäure	Ácido Málico
Arm	Pobre
Aroma	Aroma
Aroma Nach Karamel	Caramelizado
Aromatisch	Aromático
Aromatischer Ausdruck	Expresión Aromática
Aromen Reduktion	Aromas De Reducción
Artig	Tierno
Äthanol	Etanol
Ätherisch	Etéreo
Aufbrausen	Efervescencia
Aufgeblüht	Desarrollado
Aufsteigend/ Aufdringlich	Penetrante
Aufsteigend/ Aufdringlich	Penetrante
Ausbau	Estabilización
Ausfällen	Precipitar

Alemán	Español
Ausgebaut	Acabado
Ausgeglichen	Equilibrado
Ausgeglichenheit	Equilibrio
Ausgereift	Listo
Ausgespritet	Fortificado
Ausgleichen	Estabilizar
Auspressen	Estrujado
Ausspeien	Degollar
Austrieb	Desborre
Bäckerei	Pastelería
Balling-Grade	Grado De Balling
Balsamisch	Balsámico
Beere	Baya
Beere	Grano
Beerenaroma	Frutos Rojos
Beerenhautmazeration	Maceración En Frío
Beerenhülse	Hollejo
Befall	Ataque
Beginn	Entrada

Alemán	Español
Bernsteinfarben/ Topasfarben/ Bernsteingelb	Ambarino
Betha-Glucosidase	Beta-Glucosidasa
Bissig	Mordiente
Bitter	Amargo
Bitterkeit	Amargor
Bitterlich	Amargo
Blanc	Blanco De Blancas
Blauwerden	Quebradura Férrica
Blauwerden	Quebradura Férrica
Bleich	Pálido
Blumenblau	Antocian
Blütenduft	Floral
Boden	Terruño
Bodengeschmack	Terroso
Bodensatz	Borra
Böttchermeister	Tonelero
Bottich	Pileta

Alemán	Español
Brenzlig/Brandiges Aroma	Quemado
Brix-Grade	Brix (Grado)
Bruch	Quiebra
Brut	Brut
Bügelverschluss	Bozal
Bügelverschluss	Bozal
Bukett	Bouquet
Butter	Mantequilla
Butterig	Mantequilloso
Chaptalizierung	Chaptalización
Charakter	Carácter
Compac	Compacto
Dattel	Dátiles
Dauben	Duela
Dekantieren	Decantar
Dekantieren	Decantación
Dekantierkörbchen	Cesta
Dekantierkörbchen	Cesta

Alemán	Español
Dekantiert	Decantado
Delikat	Delicado
Depot	Sedimento
Depot Bilden	Sedimentar
Depot Bilden	Sedimentar
Depot Bildung	Sedimentación
Depot Bildung	Sedimentación
Dicht	Denso
Dill	Eneldo
Dränage	Drenado
Duftend	Fragante
Eckig/Kantig	Puntas
Edelfäule	Podredumbre Noble
Edelfäule	Podredumbre Noble
Eiche	Roble
Eichen-Chips	Chips
Eimerkette	Cangilón (Cadena De)
Einfach	Vino Ordinario
Einfach	Vino De Jarra

Alemán	Español
Einlagern	Encubar
Eiweiß	Albúmina
Eiweiß	Albúmina
Eiweiß	Clara De Huevo
Elegant	Elegante
Ende	Acabar
Eng Verbinden	Maridar
Enge Verbindung	Maridaje
Enthefung	Degüello
Entkapselt	Descubado
Entkorken	Romper El Sombrero
Entkorken	Romper El Sombrero
Entleerung	Trasiego
Entsaften	Escurrir
Entwässerung Saft	Mosto Flor
Entwickelt	Evolucionado
Entwicklungshinweise	Notas De Evolución
Enzym	Enzima
Erdbeere	Frutilla/Fresa

Alemán	Español
Ergiebig	Productivo
Erinnern	Recordar
Ernst	Austero
Ernst	Serio
Ernte	Cosecha
Erntemaschine	Máquinas De Sacudimiento Horizonta
Ertrag	Rendimiento
Erzeuger	Cultivador
Erzeuger	Productor
Essigsäureäthylester	Acetato Etílico
Essigstich	Acescencia
Ester	Éster
Etikett	Etiqueta
Extrakt	Extracto
Fad	Insípido
Fad	Blando
Farbdepot	Costra

Alemán	Español
Farbdepot	Costra
Farbstoff	Materia Colorante
Farbton	Tono
Färbung	Matices
Fass	Barril
Fass	Cuba
Fass	Tonel
Fassbestand	Tonelería
Fasshahn	Canilla
Faule Eier	Huevos Podridos
Fehlerhaft	Defectuoso
Fein	Fino
Feiner Tischwein	Vino Generoso
Feiner Tischwein	Vino Generoso
Fest	Firme
Fett	Graso
Feuchte Wolle	Lana Mojada
Feuersteingeschmack	Pedernal
Feurig/Feurigrot	Rojo Fuego

Alemán	Español
Filtern	Filtración
Filtern	Filtrar
Firnis	Barniz
Flach	Flojo
Flasche	Botella
Flaschenfüllung	Embotellado
Flaschengärungverfahren	Método Champenoise
Flaschenhals	Cuello
Flaschenhals	Gollete
Fleischig	Carnoso
Flexibel	Flexible
Flüchtig	Fugaz
Flüchtige	Acidez Volátil
Frisch	Fresco
Fruchtfleisch	Pulpa
Fruchtig	Frutado
Fruchtig/Obstig	Frutal
Fuchsrot	Rojizo

Alemán	Español
Füllig	Amplio
Funke	Destello
Gärbehälter	Cuba De Fermentación
Gären/Säuern	Fermentar
Gärung	Fermentación
Gärung Verhaftet	Fermentación Detenida
Gattungsbezeichnung	Genérico
Gaumen	Paladar
Gefäß/Behälte	Vasija
Gefiltert	Filtrado
Geharzt	Resina
Gekühlt	Frappé
Gelbliches Rot	Rojo Amarillento
Gelbliches Rot	Rojo Amarillento
Generös	Generoso
Geranie	Geranio
Geräuchert	Ahumado
Gerbstoff	Tanino

Alemán	Español
Geröstet	Tostado
Gesamtalkohol	Alcohol Total
Gesamtsäure	Acidez Total
Geschmack	Sabor
Geschmacklich	Gustativo
Geschmeidig	Untuoso
Gespriteter Wein	Vino Alcoholizado
Gespriteter Wein	Vino Fortificado
Getrübt	Quebrado
Gewürznelke	Clavo De Olor
Glanz	Brillantez
Glänzend	Brillante
Glucan	Glucano
Glykosidase	Glicosidasa
Glyzerin	Glicerina
Glyzerol	Glicerol
Goldgelb	Dorado
Granatfarben	Granate
Grasig/Grasherb	Herbáceo

Alemán	Español
Grasig/Grasherb	Herbáceo
Grün	Verde
Grundwein	Vino Base
Grüngeschmack	Verdor
Grüngeschmack	Verdor
Gummi Arabicum	Goma Arábiga
Gummiartig	Gomoso
Halbtrocken	Demi-Sec
Harmonie	Armonía
Hart	Áspero
Hart	Áspero
Hart	Duro
Hauch	Toque
Hauptgärung	Fermentación Principal
Hauptteilwein	Vino A Granel
Hefe	Levadura
Herkunftsbezeichnung	Denominación De Origen Controlada (D.O.C)

Alemán	Español
Herzhaft	Impetuoso
Himbeere	Frambuesa
Hochfein	Sutil
Hochreif	Tardío
Holzgeschmack	Notas De Madera
Ikonischen Wein	Vino Emblemático
Ingwer	Jengibre
Intensität	Intensidad
Jahrgang	Añada
Jasmin	Jazmín
Jugend	Juventud
Jung	Joven
Kaliumbitartrat	Bitartrato De Potasio
Kaltgärung	Fermentación Lenta
Kantig	Aristas
Kapsel	Sombrero
Karaffe	Garrafa
Karaffe	Decanter
Karminrot	Carmín

Alemán	Español
Kelter	Moledora
Kelter	Moledora
Keltern	Moler
Keltern	Moler
Keltern	Prensado
Kelterung	Molienda
Kelterung	Molienda
Kern	Semilla
Kern	Pepita
Keton	Acetona
Kiesgrund	Grava
Kirsche	Cereza
Kirschrot	Rojo Cereza
Klären	Estacionar
Klarettwein	Clarete
Klarheit	Claridad
Klarheit	Limpidez
Klärung/Schönung	Clarificación
Kleines Fass	Barrica

Alemán	Español
Knoblaucharoma	Aliáceo
Kohlendyoxid/ Kohlensäure	Gas Carbónico
Kohlensäure	Anhídrido Carbónico
Kohlensäurehaltige Mazeration	Maceración Carbónica
Kolorimeter	Colorímetro
Komplex	Complejo
Konzentrierter Most	Arrope
Korbflasche	Damajuana
Kork	Corcho
Korkgeschmack	Gusto A Corcho
Körperreich	Cuerpo
Körperreich	Corpulento
Kosten/Probieren	Degustar
Kraft	Potencialidad
Küpfermeister	Fabricar Toneles
Kurze Zeit In Holz	Fugaz Paso Por Madera
Lager	Reposo

Alemán	Español
Lagern	Almacenamiento
Lang	Prolongado
Lanoline	Lanolina
Latte/Leiste	Varilla
Laufen Wein	Vino De Gota
Lauffläche	Pisada
Lebhaft	Vivaz
Lecker	Sabroso
Lederflasche	Bota
Ledergeruch	Cuero
Leer	Hueco
Leicht	Ligero
Leicht Säuerlich	Acre
Likör	Licor
Likörartig	Licor De Tiraje
Likörwein	Vino De Licor
Lüftung	Respiración
Maderisiert	Maderizado
Mager/Dünn	Delgado

Alemán	Español
Mahagonibaum	Caoba
Manna	Agraz
Mazerierung	Maceración
Mazerierung In Der Flasche	Maceración Inducida En Botella
Meniskus	Menisco
Menthol	Mentol
Milchsäure	Ácido Láctico
Milde	Suavidad
Mineralisch	Mineral
Mineralisch	Notas Minerales
Mineralisches Aroma	Aromas Minerales
Mischpult	Pupitre
Mistela	Mistela
Mit Kohlensäure	Gasificado
Mit Menthol	Mentolado
Mitte Gaumen	Paladar Medio
Most	Mosto
Mostigsüß/Pappsüß/ Widerlich Süß	Empalagoso

Alemán	Español
Mostkonzentrat	Mosto Concentrado
Muselage	Bozalado
Muskatbukett/ Muskattellerton	Amoscatelado
Muskateller	Moscatel
Muskatnuss	Nuez Moscada
Nachgärung	Fermentación Secundaria
Nachgeschmack	Final De Boca
Nachgeschmack	Dejo
Nachgescmack	Resabio
Nachhalt	Tenacidad
Nachhaltig	Largo
Nachhaltigkeit	Persistencia
Nachwirkend	Retrogusto
Nase	Nariz
Natursüße	Dulce Natural
Neuer Wein	Nuevo
Neuer Wein	Vino Del Año
Neutral	Neutro

Alemán	Español
Niederschlag	Depósito
Niederschlag	Precipitación
Note	Ribete
Note	Nota
Nuance	Matices
Nussgeschmack	Frutos Secos
Oenophil	Enófilo
Ohne Bodensatz	Desborrar
Olfaktorisch	Olfativo (Fase)
Ölig	Oleoso
Önologe	Enólogo
Önologe	Enólogo
Önologie	Enología
Önologie	Enología
Opalisierend	Opalescente
Orangenschale	Cáscara De Naranja
Organoleptisch	Organoléptico
Organoleptische Empfindung	Tacto En Boca

Alemán	Español
Oxidierte Nase	Nariz Oxidada
Oxidierte Nase	Nariz Oxidada
Oxidierung	Oxidación
Pampelmuse	Pomelo
Paprika	Pimiento Morrón
Pasteurisieren	Pasteurizar
Pasteurisieren	Pasteurización
Perlwein	Vino De Aguja
Pflaume	Ciruela
Pfropfen	Tampone
Phenol	Fenol
Phenolisch	Fenólico
Poliphenole	Polifenol
Potentiell Vorhandener Alkohol	Alcohol Potencial
Prachtvoll	Suntuoso
Premiumwein	Premio
Presse	Prensa
Presse	Lagar

Alemán	Español
Pressen	Prensar
Probezieher/ Weinheber	Venencia/Venecia
Produktivität	Productividad
Purpurfarben	Púrpura
Quebradura Maloláctica	Casse Maloláctica
Quetschmaschine	Trituradora
Rappe	Escobajo
Rappen	Raspón
Rauh	Agresivo
Raumtemperatur	Temperatura Ambiente
Rebsorte	Cepa
Rebsorte	Cepa
Rebsorte	Variedad
Rebsorte	Variedad
Rebsorte	Varietale
Reduktion	Reducción
Refraktometer	Refractómetro
Refraktometrie	Refractometría

Alemán	Español
Reif	Maduro
Reif	Pruina
Reif/Gereift	Madurar
Reife	Madre
Reife Beerenhülse	Hollejo Maduro
Reifen	Maduración
Reinheit	Pureza
Reintönig	Franco
Rektifizierter Alkohol	Alcohol Rectificado
Reserve	Reserva
Restzucker	Azúcar Residual
Robust/Solid	Robusto
Rolle	Rodillo
Roséwein	Rosado
Rosinen	Pasificación
Rot	Rojo
Rotwein	Tinto
Rubin	Rubí
Rund	Redondo

Alemán	Español
Rundung	Redondez
Rütteln	Remontaje
Saft	Jugo
Samtig	Aterciopelado
Sandeln	Arenar
Sanft/Geschmeidig	Suave
Sauber	Limpio
Sauerkirsche	Guinda
Säuerlich	Ácido
Säure	Ácido
Säuregehalt	Acidez
Schal	Desvanecido
Scharf	Picante
Scharf	Punzante
Schaum	Espuma
Schaumkrone	Corona
Schaumwein	Espumoso
Schaumwein	Vino Espumoso
Scheitermost	Vino De Prensa

Alemán	Español
Schillern	Visos
Schimmelbefall	Botritizado
Schlagen/Umrühren	Bastoneo
Schlauch	Manguera
Schneide Den Traubenstiel	Descobajado
Schneidig	Incisivo
Schönen/Klären	Clarificar
Schwarze Johannisbeere	Grosella Negra
Schwarze Johannisbeere	Casis
Schwebstoffe	Partículas Sólidas En Suspensión
Schwefel	Azufre
Schwefeln	Azufrado
Schwer	Pesado
Schwimmen	Flotar
Seidig	Satinado
Seidig	Sedoso
Sektglas	Flauta

Alemán	Español
Sherrygeschmack	Ajerezado
Sherrygeschmack	Ajerezado
Sich Unterscheiden	Distintivo
Sommelier	Sommelier
Spätlese	Cosecha Tardía
Spitzenwein	Gama
Spritzig/Prickeln	Efervescente
Stabil	Estable
Staffelung	Escala
Stapeln	Estibar
Stark	Fuerte
Stauung	Estiba
Stichig	Acético
Stillwein	Vino Quieto
Strohfarben	Pajizo
Strohwein	Vino Passito
Strohwein	Vino Passito
Struktur	Textura
Struktur	Estructura

Alemán	Español
Stürmische Gärung	Fermentación Tumultuosa
Succinsäure	Ácido Sucínico
Sulfat	Sulfato
Sulfidisch/ Schwefelhaltig	Sulfuroso
Süß	Abocado
Süß	Dulce
Süße	Dulzor
Süßwein	Vino Dulce
Süßwein	Vino Dulce
Tabak	Tabaco
Tafeltrauben	Uva De Mesa
Tank	Tanque
Tanninhaltig	Tánico
Tartrat	Tartrato
Tatsächlich Entwickelter Alkohol	Alcohol Adquirido
Terpene	Terpeno
Terpenisch	Terpénico

Alemán	Español
Tertiäres Aroma	Aroma Terciario
Tiefgekühlt	Enfriado
Tieraroma	Animal
Tinte	Tinta China
Tischwein/Tafelwein	Vino De Mesa
Ton	Tinte
Tonne	Bordelesa
Tönung	Tonalidad
Traditionelle Methode	Método Tradicional
Träne	Lágrima
Transport	Acarreo
Transportieren	Acarrear
Traube	Racimo
Traube	Uva
Traubenabbeermaschine	Despalillador
Traubenernte	Vendimia
Traubenmühle	Estrujadora
Trester	Orujo

Alemán	Español
Trocken	Seco
Trogförmiger Trichter Der Traubenmühle	Tolva De Descarga
Tropenfrüchte	Frutas Tropicales
Trub	Lías
Trüb	Turbio
Trübschleier	Turbidez
Trüffel	Trufa
Tube	Canuto
Überschwefelt	Sulfitado
Überstreckt	Estirado
Umpumpen	Remontar
Umrühren	Removido
Unausgewogen	Desequilibrado
Undurchsichtig	Opaco
Unreif	Cerrado
Unterstoßen	Bazuqueo
Vanille	Vainilla
Vanillegeschmack/ Vanilleduft	Avainillado

Alemán	Español
Verfärbt	Manchado
Verjüngen	Refrescar
Verjus	Vino Verde
Verkäufer	Expendedor
Verkosten	Catar
Versandlikör	Licor De Expedición
Verschnitt	Corte
Verschnitt	Mezcla
Verschnitt	Vino Varietal
Verschnitten	Bivarietal
Versiedet/Oxidiert	Oxidado
Verstärkt	Envinado
Violett	Violáceo
Viskozität	Viscosidad
Visuelle	Visual
Vollkommen	Voluptuoso
Vollmundig/Körperreich	Intenso
Vollmundig/Körperreich	Sustancioso
Vornehm	Distinguido

Alemán	Español
Walnuss	Nuez
Wärmend	Cálido
Wässerig	Aguado
Weihrauchgeruch	Incienso
Wein	Vino
Weinalkohol	Alcohol Vínico
Weinbau	Viticultura
Weinbau	Vitivinicultura
Weinbaugebiet	Viñedo
Weinbereitung	Vinificación
Weingut	Finca
Weinig	Vinosidad
Weinkeller	Cava
Weinkeller	Bodega
Weinpflege	Crianza
Weinprobe	Degustación
Weinprobe/Weinkost	Cata
Weinsäure	Ácido Tartárico
Weinstein	Cremor Tártaro

Alemán	Español
Weinstock	Vid
Weinverkoster	Catador
Weisser Bruch	Nube
Weißwein	Blanco
Widerstandsfähig	Vigoroso
Würzig	Especiado
Zähflüssig	Pastoso
Zähflüssig	Viscoso
Zeder	Cedro
Zentrifugieren	Centrifugar
Zitrusfrucht	Cítrico
Züchten	Criar
Zymurgie	Zymurgy

Francés - Español

Francés	Español
Abocado	Abocado
Acajou	Caoba
Acerbe	Amargo
Acescence	Acescencia
Acétaldéhyde	Acetaldehído
Acétate D'éthyle	Acetato Etílico
Acétique	Acético
Acétone	Acetona
Acide	Ácido
Acide	Ácido
Acide Lactique	Ácido Láctico
Acide Malique	Ácido Málico
Acide Succinique	Ácido Sucínico
Acide Tartrique	Ácido Tartárico
Acidité	Acidez
Acidité Totale	Acidez Total
Acidité Volatile	Acidez Volátil
Âcre	Acre
Aérobie	Aerobio
Agressif	Agresivo

Francés	Español
Aigu	Punzante
Albumine	Albúmina
Albumine	Albúmina
Alcool	Alcohol
Alcool Acquis	Alcohol Adquirido
Alcool De Prestations Viniques	Alcohol Vínico
Alcool En Puissance/ Alcool Potentiel	Alcohol Potencial
Alcool Rectifié	Alcohol Rectificado
Alcool Total	Alcohol Total
Alcooleux	Alcóholico
Alcoolisation	Alcoholización
Alcoomètre	Alcohómetro
Aldéhyde	Aldehído
Ambre	Ámbar
Ambré	Ambarino
Amer	Amargo
Amer/Amertume	Amargor
Ample	Amplio
Aneth	Eneldo

Francés	Español
Anhydride Carbonique	Anhídrido Carbónico
Animal	Animal
Anthocyane	Antocian
Anthocyanine	Antocianina
Appellation D'origine Contrôlée	Denominación De Origen Controlada (D.O.C)
Arête	Aristas
Aromatique	Aromático
Arôme	Aroma
Arôme Tertiaire	Aroma Terciario
Arômes De Réduction	Aromas De Reducción
Arômes Minéraux	Aromas Minerales
Arrière-Goût	Dejo
Arrière-Goût	Resabio
Arrière-Goût	Retrogusto
Assemblage	Corte
Astringence	Astringencia
Astringent	Astringente
Attaque	Ataque
Attaque	Entrada

Francés	Español
Austère	Austero
Aviné	Envinado
Baguette	Varilla
Baie	Baya
Balsamique	Balsámico
Baril	Barril
Barrique	Barrica
Bâtonnage	Bastoneo
Beta-Glucosidase	Beta-Glucosidasa
Beurre	Mantequilla
Beurré	Mantequilloso
Bitartrate De Potassium	Bitartrato De Potasio
Blanc	Blanco
Blanc D'œuf	Clara De Huevo
Blanc De Blancs	Blanco De Blancas
Boisé	Maderizado
Bonbonne	Garrafa
Bordelaise	Bordelesa
Botrytisé	Botritizado
Bouchon	Corcho

Francés	Español
Bouchon	Tampone
Bouquet	Bouquet
Bouteille (Puanteur De)	Botella
Brillance	Brillantez
Brillant	Brillante
Broyeur	Trituradora
Brûlé	Quemado
Brut	Brut
Caractère	Carácter
Carafe	Decanter
Caramélisé	Caramelizado
Carmin	Carmín
Casse	Quiebra
Cassé	Quebrado
Casse Blanche	Nube
Casse Ferrique	Quebradura Férrica
Casse Ferrique	Quebradura Férrica
Casse Malolactique	Casse Maloláctica
Casser Le Chapeau	Romper El Sombrero
Casser Le Chapeau	Romper El Sombrero

Francés	Español
Cassis	Grosella Negra
Cassis	Casis
Cave	Cava
Cave	Bodega
Cèdre	Cedro
Centrifuger	Centrifugar
Cep	Cepa
Cep	Cepa
Cépage	Variedad
Cépage	Variedad
Cerise	Cereza
Chapeau	Sombrero
Chaptalisation	Chaptalización
Charnu	Carnoso
Chaud	Cálido
Chêne	Roble
Cigare/Tabac	Tabaco
Citrique	Cítrico
Clairet	Clarete
Clarification	Clarificación

Francés	Español
Clarifier	Clarificar
Clarté	Claridad
Clou De Girofle	Clavo De Olor
Colorimètre	Colorímetro
Compact	Compacto
Complexe	Complejo
Conquet	Tolva De Descarga
Copeaux De Bois	Chips
Cordon	Corona
Corpulent	Cuerpo
Corpulent	Corpulento
Coupage/Mélange	Mezcla
Crème De Tartre	Cremor Tártaro
Cuir	Cuero
Cuve	Pileta
Cuve	Cuba
Cuve	Vasija
Cuve	Tanque
Cuve De Fermentation	Cuba De Fermentación
Dame-Jeanne	Damajuana

Francés	Español
Dates	Dátiles
Débitant	Expendedor
Débourrement	Desborre
Débourrer	Desborrar
Décantation	Decantación
Décanté	Decantado
Décanter	Decantar
Décharné/Maigre	Delgado
Décuvage	Descube
Décuvé	Descubado
Défectueux	Defectuoso
Dégorgeage	Degüello
Dégorger	Degollar
Degré Balling	Grado De Balling
Degré Brix	Brix (Grado)
Dégustateur	Venencia/Venecia
Dégustateur	Catador
Dégustation	Degustación
Dégustation	Cata
Déguster	Degustar

Francés	Español
Déguster	Catar
Délicat	Delicado
Demi-Sec	Demi-Sec
Dense	Denso
Déposer/Sédimenter	Sedimentar
Déposer/Sédimenter	Sedimentar
Dépôt	Depósito
Dépôt En Croûte	Costra
Dépôt En Croûte	Costra
Dépôt/Sédimentation	Sedimentación
Dépôt/Sédimentation	Sedimentación
Déséquilibré	Desequilibrado
Deux Cépages	Bivarietal
Distinctif	Distintivo
Distingué	Distinguido
Domaine/Propriété	Finca
Doré	Dorado
Douceur	Suavidad
Douceur	Dulzor
Douceur Naturelle	Dulce Natural

Francés	Español
Douelle	Duela
Doux	Dulce
Drainage	Drenado
Dur	Áspero
Dur	Áspero
Dur	Duro
Échelle	Escala
Écœurant	Empalagoso
Effervescence	Efervescencia
Effervescent	Efervescente
Égoutter	Escurrir
Égouttoir	Escurridor
Égrappage/Éraflage	Descobajado
Égrappé	Despalillado
Égrapper	Despalillar
Égrappoir	Despalillador
Élégant	Elegante
Élevage	Crianza
Élevage Oxydatif	Crianza Oxidativa
Élever	Criar

Francés	Español
Embouteiller/Mettre En Bouteilles	Embotellar
Emmagasinage	Estiba
Emmagasiner	Estibar
En Fin De Bouche	Final De Boca
Encens	Incienso
Encre De Chine	Tinta China
Enfoncement Du Chapeau	Bazuqueo
Enzyme	Enzima
Épanoui	Desarrollado
Épicé	Especiado
Équilibre	Equilibrio
Équilibré	Equilibrado
Érafloir	Descobajadora
Ester	Éster
Éthanol	Etanol
Éthéré	Etéreo
Étiquette	Etiqueta
Étoffé	Armonía
Éventé	Desvanecido

Francés	Español
Évolué	Evolucionado
Expression Aromatique	Expresión Aromática
Extrait	Extracto
Fabriquer Des Fûts/ Tonellerie	Fabricar Toneles
Faible	Flojo
Fait	Listo
Ferme	Firme
Fermentation	Fermentación
Fermentation Alcoolique	Fermentación Alcohólica
Fermentation Arrêtée/ Suspendue	Fermentación Detenida
Fermentation Lente	Fermentación Lenta
Fermentation Malolactique	Fermentación Maloláctica
Fermentation Principale	Fermentación Principal
Fermentation Tumultueuse	Fermentación Tumultuosa
Fermenter	Fermentar
Filtrage	Filtrado
Filtration	Filtración

Francés	Español
Filtrer	Filtrar
Fin	Fino
Fini	Acabado
Finir	Acabar
Flexible/Souple	Flexible
Floral	Floral
Flotter	Flotar
Flûte	Flauta
Fort	Fuerte
Fortifié	Encabezado
Fortifié	Fortificado
Foulage	Molienda
Foulage	Molienda
Foulé	Estrujado
Fouler	Moler
Fouler	Moler
Fouler	Pisada
Fouloir	Moledora
Fouloir	Moledora
Fouloir	Estrujadora

Francés	Español
Frais/Fraîche	Fresco
Fraise	Frutilla/Fresa
Framboise	Frambuesa
Franc	Franco
Frappé	Frappé
Frappé	Enfriado
Frapper	Enfriar
Fruité	Frutado
Fruité	Frutal
Fruits Rouges	Frutos Rojos
Fruits Secs	Frutos Secos
Fruits Tropicaux	Frutas Tropicales
Fugace	Fugaz
Fumé	Ahumado
Fût	Tonel
Gamme	Gama
Gaz Carbonique	Gas Carbónico
Gazéifié	Gasificado
Généreux	Generoso
Générique	Genérico

Francés	Español
Géranium	Geranio
Gingembre	Jengibre
Glucane	Glucano
Glycérine	Glicerina
Glycérol	Glicerol
Glycosidase	Glicosidasa
Godets	Cangilón (Cadena De)
Gomme Arabique	Goma Arábiga
Gommeux	Gomoso
Goulot/Cou	Cuello
Goulot/Cou	Gollete
Goût De Bouchon	Gusto A Corcho
Goût De Pierre À Fusil	Pedernal
Grain	Grano
Grappe	Racimo
Gras	Graso
Graves	Grava
Grenat	Granate
Grillé	Tostado
Griotte	Guinda

Francés	Español
Gustatif	Gustativo
Herbacé	Herbáceo
Herbacé	Herbáceo
Huileux	Oleoso
Impétueux	Impetuoso
Incisif	Incisivo
Insipide	Insípido
Intense	Intenso
Intensité	Intensidad
Jambe/Larme	Lágrima
Jasmin	Jazmín
Jeune	Joven
Jeunesse	Juventud
Jus	Jugo
Jus D'égouttage/Jus De Goutte	Mosto Flor
Laine Mouillée	Lana Mojada
Laisser Reposer	Estacionar
Lanoline	Lanolina
Léger	Ligero

Francés	Español
Léger Passage En Bois/En Barrique	Fugaz Paso Por Madera
Levure	Levadura
Lie	Borra
Lie	Lías
Lie (De Vin)	Madre
Limpidité	Limpidez
Liqueur	Licor
Liqueur D'expédition	Licor De Expedición
Liqueur De Tirage	Licor De Tiraje
Liquoreux	Licoroso
Liséré	Ribete
Loger	Encubar
Long	Largo
Longue/Prolongé	Prolongado
Lourd	Pesado
Macération	Maceración
Macération À Froid	Maceración En Frío
Macération Carbonique	Maceración Carbónica

Francés	Español
Macération Induite En Bouteille	Maceración Inducida En Botella
Machine À Embouteiller	Embotelladora
Machine À Vendanger	Máquinas De Sacudimiento Horizonta
Malique	Málico
Manne	Agraz
Marc	Orujo
Mariage	Maridaje
Marier	Maridar
Matière Colorante	Materia Colorante
Maturation	Maduración
Méchage/Soufré	Azufrado
Ménisque	Menisco
Menthol	Mentol
Mentholé	Mentolado
Méthode Champenoise	Método Champenoise
Méthode Charmat	Método Charmat
Méthode Traditionnelle	Método Tradicional
Milieu De Bouche	Paladar Medio

Francés	Español
Millésime	Añada
Minéral	Mineral
Mise En Bouteilles	Embotellado
Mistelle	Mistela
Mœlleux/Qui A De La Substance	Sustancioso
Mordant	Mordiente
Mou	Blando
Mouillée	Aguado
Mousse	Espuma
Mousseux	Espumoso
Moût	Mosto
Moût Concentré	Mosto Concentrado
Mûr	Maduro
Mûrir	Madurar
Muscat	Moscatel
Muscaté	Amoscatelado
Muselage	Bozalado
Muselet	Bozal
Muselet	Bozal
Neutre	Neutro

Francés	Español
Nez	Nariz
Nez Oxydé	Nariz Oxidada
Nez Oxydé	Nariz Oxidada
Noix	Nuez
Noix De Muscade	Nuez Moscada
Note	Nota
Notes D'évolution	Notas De Evolución
Notes De Bois	Notas De Madera
Notes Minérales	Notas Minerales
Nouveau	Nuevo
Nuances	Matices
Nuances	Matices
Odeur D'ail	Aliáceo
Œnologie	Enología
Œnologie	Enología
Œnologue	Enólogo
Œnologue	Enólogo
Œnophile	Enófilo
Œufs Pourris	Huevos Podridos
Olfactif	Olfativo (Fase)

Francés	Español
Onctueux	Untuoso
Opalescent	Opalescente
Opaque	Opaco
Organoleptique	Organoléptico
Outre	Bota
Ouvert	Abierto
Oxydation	Oxidación
Oxydé	Oxidado
Paillé	Pajizo
Pâle	Pálido
Pamplemousse	Pomelo
Panier-Verseur	Cesta
Panier-Verseur	Cesta
Parfumé	Fragante
Particules Solides En Suspension	Partículas Sólidas En Suspensión
Passerillage	Pasificación
Pasteurisation	Pasteurización
Pasteuriser	Pasteurizar
Pâteux	Pastoso
Pâtisserie	Pastelería

Francés	Español
Pauvre	Pobre
Pellicule	Hollejo
Pellicule Mûre	Hollejo Maduro
Pénétrant	Penetrante
Pénétrant	Penetrante
Pépin	Semilla
Pépin	Pepita
Perce	Espiche
Persistance	Persistencia
Petit Vin/Maigre	Estirado
Phénol	Fenol
Phénolique	Fenólico
Piquant	Picante
Pointe	Puntas
Poivron	Pimiento Morrón
Polyphénol	Polifenol
Pomme Verte	Manzanas Verdes
Pompage	Bombeo
Potentialité	Potencialidad
Pourpre	Púrpura

Francés	Español
Pourriture Noble	Podredumbre Noble
Pourriture Noble	Podredumbre Noble
Précipitation	Precipitación
Précipiter	Precipitar
Premium	Premio
Presser	Prensar
Pressoir	Prensa
Pressoir	Lagar
Pressurage	Prensado
Producteur	Cultivador
Producteur	Productor
Productif	Productivo
Productivité	Productividad
Propre	Limpio
Pruine	Pruina
Prune	Ciruela
Pulpe	Pulpa
Pupitre	Pupitre
Pureté	Pureza
Rafle	Escobajo

Francés	Español
Rafle	Raspón
Rafraîchir	Refrescar
Raisin	Uva
Raisin De Table	Uva De Mesa
Rappeler	Recordar
Récolte	Cosecha
Réduction	Reducción
Réfractomètre	Refractómetro
Réfractométrie	Refractometría
Remontage	Remontaje
Remonter	Remontar
Remuage/Brassage	Removido
Rendement	Rendimiento
Renfermé/Fermé	Cerrado
Repos	Reposo
Reposer	Reposar
Réserve	Reserva
Résine	Resina
Respiration	Respiración
Robinet	Canilla

Francés	Español
Robuste	Robusto
Rond	Redondo
Rondeur	Redondez
Rosé	Rosado
Rouge	Rojo
Rouge	Tinto
Rouge Cerise	Rojo Cereza
Rouge Feu	Rojo Fuego
Rouge Jaunâtre	Rojo Amarillento
Rouge Jaunâtre	Rojo Amarillento
Rouleau	Rodillo
Roussi	Rojizo
Rubis	Rubí
Sabler	Arenar
Satiné	Satinado
Saveur	Sabor
Saveur De Madère	Ajerezado
Saveur Du Sherry	Ajerezado
Saveur En Bouche	Tacto En Boca
Saveur/Goût	Paladar

Francés	Español
Savoureux	Sabroso
Scintillement	Destello
Sec/Sèche	Seco
Seconde Fermentation	Fermentación Secundaria
Sédiment/Dépôt	Sedimento
Sérieux	Serio
Sirop	Arrope
Sommelier	Sommelier
Somptueux	Suntuoso
Soufre	Azufre
Soufré (Vin)	Sulfuroso
Soutirer	Trasegar
Soyeux	Sedoso
Stabilisation	Estabilización
Stabiliser	Estabilizar
Stable	Estable
Stockage	Almacenamiento
Structure	Estructura
Suave	Suave
Subtil	Sutil

Francés	Español
Sucre Résiduel	Azúcar Residual
Sulfate	Sulfato
Sulfitage	Sulfitado
Taché	Manchado
Tanin	Tanino
Tanique	Tánico
Tardif	Tardío
Tartrate	Tartrato
Teinte	Tinte
Teintes	Visos
Température Ambiante	Temperatura Ambiente
Ténacité	Tenacidad
Tendre	Tierno
Terpène	Terpeno
Terpénique	Terpénico
Terreux	Terroso
Terroir	Terruño
Texture	Textura
Tirage/Soutirage	Trasiego
Tonalité	Tono

Francés	Español
Tonalité	Tonalidad
Tonnelier	Tonelero
Tonnellerie	Tonelería
Touche	Toque
Transport	Acarreo
Transporter	Acarrear
Trou	Hueco
Trouble	Turbio
Truffe	Trufa
Tube	Canuto
Turbidité	Turbidez
Tuyau	Manguera
Vanille	Vainilla
Vanillé	Avainillado
Velouté	Aterciopelado
Vendange	Vendimia
Vendange Tardive	Cosecha Tardía
Verdeur	Verdor
Verdeur	Verdor
Verju	Vino Verde

Francés	Español
Vernis	Barniz
Vert	Verde
Vieillir	Añejar
Vieillissement	Añejo
Vieillissement	Envejecimiento
Vieillissement/Élevage	Añejado
Vigne	Vid
Vignoble	Viñedo
Vigoureux	Vigoroso
Vin	Vino
Vin Alcoolisé	Vino Alcoholizado
Vin De Base	Vino Base
Vin De Cépage	Varietale
Vin De Cépage	Vino Varietal
Vin De Garde	Vino De Guarda
Vin De Goutte	Vino De Gota
Vin De L'année	Vino Del Año
Vin De Liqueur	Vino De Licor
Vin De Paille	Vino Passito
Vin De Paille	Vino Passito

Francés	Español
Vin De Presse	Vino De Prensa
Vin De Table	Vino De Mesa
Vin Doux	Vino Dulce
Vin Doux	Vino Dulce
Vin Emblématique	Vino Emblemático
Vin En Carafe/En Pichet	Vino De Jarra
Vin En Vrac	Vino A Granel
Vin Fortifié	Vino Fortificado
Vin Généreux	Vino Generoso
Vin Généreux	Vino Generoso
Vin Mousseux	Vino Espumoso
Vin Ordinaire	Vino Ordinario
Vin Pétillant	Vino De Aguja
Vin Tranquille	Vino Quieto
Vinification	Vinificación
Vinosité	Vinosidad
Violacé	Violáceo
Viscosité	Viscosidad
Visqueux	Viscoso
Visuel	Visual

Francés	Español
Viticulture	Viticultura
Vitiviniculture	Vitivinicultura
Vivace	Vivaz
Voluptueux	Voluptuoso
Zeste D'orange	Cáscara De Naranja
Zimuría	Zymurgy

¿Suposiciones? ¿Correcciones?

Info@BandCPublishing.Com

FRA - ESP